中国制造业产能利用率测度方法与应用

宋瑶瑶　杨国梁　著

科学出版社
北　京

内 容 简 介

本书以现阶段我国生态文明建设、经济转型升级、供给侧结构性改革等战略为现实背景，梳理国内外产能利用率相关研究，从非期望产出的引入、产能利用率的跨期分析与固定资产可拆除三个视角，改造现有研究方法，提出一系列适用于我国现阶段发展背景的产能利用率测度方法，并进一步以我国制造业为研究对象开展实证研究。研究发现，我国制造业产能过剩以能源型产能过剩为主，近年来产能利用率有所提升并存在小幅波动，流动资产和管理费用对各行业产能利用率具有显著影响，技术进步是产能利用率提升的主要驱动力。

本书面向具备一定经济学和管理学知识的读者，以从事产业经济学、环境经济学和相关领域研究的科研人员和相关专业师生为主要受众对象。

图书在版编目(CIP)数据

中国制造业产能利用率测度方法与应用／宋瑶瑶，杨国梁著. —北京：科学出版社，2021.6

ISBN 978-7-03-068747-0

Ⅰ.①中… Ⅱ.①宋… ②杨… Ⅲ.①制造工业-产能评价-研究-中国 Ⅳ.①F426.4

中国版本图书馆 CIP 数据核字（2021）第 084154 号

责任编辑：杨逢渤／责任校对：樊雅琼

责任印制：吴兆东／封面设计：无极书装

科学出版社 出版

北京东黄城根北街 16 号

邮政编码：100717

http://www.sciencep.com

北京中石油彩色印刷有限责任公司 印刷

科学出版社发行 各地新华书店经销

*

2021 年 6 月第 一 版 开本：787×1092 1/16

2021 年 6 月第一次印刷 印张：10

字数：235 000

定价：128.00 元

（如有印装质量问题，我社负责调换）

作 者 简 介

宋瑶瑶，博士，首都经济贸易大学讲师，2020年于中国科学院大学获得管理科学与工程专业博士学位。长期从事产业经济学、绩效评价和决策理论与方法的研究工作，在国内外学术期刊发表论文20余篇。

杨国梁，博士，中国科学院科技战略咨询研究院研究员。2013年于中国科学院大学获得管理科学与工程专业博士学位，并于2014~2016年在德国DAAD–王宽诚研究基金、国家留学基金委员会和英国牛顿基金的资助下分别出访德国弗劳恩霍夫学会系统与创新研究所、英国曼彻斯特大学商学院和英国阿斯顿大学商学院。长期从事科技规划与管理、智库理论与方法和决策理论与方法研究。承担多项中国科学院发展规划局委托的各类与科技规划、科技管理相关的应用研究任务，主持过40余项来自英国皇家工程院、德意志学术交流中心、国务院研究室、教育部、科学技术部、农业农村部、国家自然科学基金委员会、国家电网等机构的委托任务与竞争性项目课题，取得了一批有影响的规划相关决策咨询成果和理论方法研究成果。在国内外学术期刊上发表学术论文130多篇，出版《科技规划的理论方法与实践》《数据包络分析中的生产规模研究》等多部学术专著。

前　言

21 世纪以来，我国的工业化进程逐步从中期步入后期，多个行业相继出现严重的产能过剩问题。在严峻复杂的国内外经济形势下，我国政府提出供给侧结构性改革和众多去产能政策，近年来产能过剩及产能利用率测度研究成为经济管理领域的重要研究问题。

产能利用率是测度产业发展、监测宏观经济、掌握市场供求信息的一个重要经济指标，可以反映国家工业各部门的结构布局、资源利用等方面的情况，为制定宏观经济政策提供参考依据。特别地，制造业作为中国实体经济的主体，是供给侧结构性改革的重要领域和推动经济高质量发展的重点与关键，因此，制造业的产能利用率测度问题已成为产业经济学领域的前沿热点问题。

针对产能利用率测度问题，国内外学者提出了很多种方法。其中，数据包络分析（data envelopment analysis，DEA）方法由于无须预设生产函数形式、能够处理多投入多产出研究问题等优势成为使用最为广泛的一种方法。笔者自本科学习阶段开始接触和了解 DEA 方法，并在中国科学院大学攻读博士学位期间受到导师杨国梁研究员的悉心指导，对 DEA 理论与方法进行全面、深入的学习和研究。在长期研究和应用该方法的过程中，笔者深刻地体会到，DEA 方法易于入手且在评价研究对象效率和产能利用率的过程中相对客观而有效。

本书针对基于 DEA 方法的传统产能利用率测度模型在环境要素的识别、测度结果的跨期解释性和供给侧结构性改革背景下的适用性等方面仍存在一些局限性。改造传统产能利用率测度方法，为中国制造业的去产能实践提供了有效的理论方法工具，并采用改造后的测度模型对 2011 ~ 2016 年中国制造业 30 个二级子产业的产能利用情况开展实证研究。

本书在理论方法和实证应用方面均开展了研究，得到了相应的研究成果与结论，对我国各产业的产能利用率监测和评价具有一定的参考价值。在理论方法方面，本书提出了考虑制造业非期望产出的产能利用率测度模型；提出了基于 DEA 方法的动态产能利用变化率测度模型；解决了由跨期方向距离函数的引入带来的不可解和不循环问题；提出了供给侧结构性改革背景下的产能利用率测度模型。在针对中国制造业的实证研究中，本书的结论包括我国制造业各行业的平均产能利用率在 2011 年明显低于 2012～2016 年，且 2012～2016 年产能利用率处于小幅波动的状态；在众多制造业二级行业中，农副食品加工业，计算机、通信和其他电子设备制造业，废弃资源综合利用业的产能利用率较高，而烟草制品业、有色金属冶炼和压延加工业、汽车制造业的产能利用率较低；按照本书对产能过剩类型的划分，我国制造业产能过剩的类型以能源型产能过剩为主，且 2011 年能源型产能过剩最为严重；我国制造业的产能利用率测度结果与流动资产和管理费用之间存在显著相关性，较高的利率水平和管理费用有利于提升产业的产能利用率；我国制造业产能利用率在 2011～2016 年处于缓速进步的状态，技术进步是产能利用率提升的主要驱动力。

本书研究内容得到国家自然科学基金面上项目（项目编号：72071196，71671181）和首都经济贸易大学北京市属高校基本科研业务费专项资金（项目编号：XRZ2021058，QNTD202103）的资助，在此表示衷心的感谢。

由于作者学识有限，书中难免存在一些不足之处，敬请广大同行和读者批评指正。

作　者

2020 年 12 月

目　录

第1章　导　　论

在经济全球化和国际竞争日趋激烈的背景下，稳定合理的供给体系对维持社会稳定、保障经济安全具有重要意义。改革开放以来，我国各产业的生产能力均得到了极大的提高，然而进入21世纪，众多传统行业相继出现了严重的产能过剩问题，尽管国家推出了一系列的“去产能”行动，但在部分行业中收效欠佳。产能利用率和产能过剩程度的合理估计是解决产能过剩问题、改善资源配置水平的前提条件，因此开展与产能利用率相关的理论分析和方法研究具有重要的现实意义。

本章内容的安排如下：1.1节介绍本书开展产能利用率相关研究的背景和意义；1.2节对国内外开展产能与产能利用率监测的实践活动进行分析和总结；1.3节介绍本书的研究框架和研究思路。

1.1　产能利用率研究的背景与意义

1.1.1　研究背景

（1）中国经济转型升级，推动制造业高质量发展

改革开放以来，中国经济总体上保持着高速的发展，国内生产总值（GDP）以较高的年均增长率增长。2010年，受全球金融危机的影响，世界主要发达国家经济出现负增长，而中国经济的增速依然处于10.6%的高位，且第二季度以来中国GDP超越日本，成为世界第二大经济体。然而，金融危机之后的一段时间里，中国经济出现了逐渐放缓的态势，2016～2018年中国GDP增速持续低于7%，具体如图1.1所示。

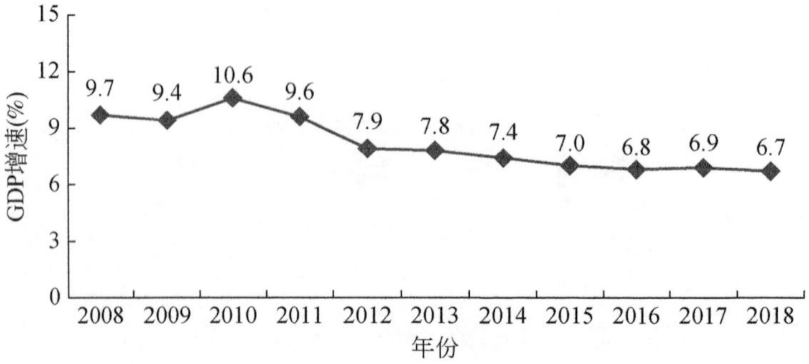

图 1.1　2008 ~ 2018 年中国 GDP 增速

资料来源：国家统计局

近年来，我国经济依旧面临复杂严峻的国内外形势。国际方面，当前国际形势错综复杂，全球经济复苏乏力，大国博弈持续加剧，全球性挑战日益增多。主要表现为：①全球范围内投资热点的贫乏和贸易紧张局势带来不确定性，导致全球经贸投资预期受抑制，发达国家经济增长率总体放缓，全球继续维持低速发展；②欧洲主权债务危机越演越烈，单边主义和贸易保护主义抬头，美国不断挑起的贸易争端严重破坏国际金融秩序、阻碍国际贸易发展和经济复苏，引发国际金融市场持续动荡（张运成，2018）；③尽管中国全球出口份额相对稳定，但由于全球外需放缓，以及美国对中国关税的影响，全球贸易壁垒显著上升，中国出口可能面临放缓的风险；④在中美贸易方面，尽管中美经贸磋商取得阶段性进展，但美国对我国的遏制战略和中美贸易冲突长期化形势不可避免，并将持续干扰我国经济的正常运行。

国内方面，受内外环境共同影响，我国经济结构性矛盾持续显现，依旧面临较大下行压力。主要表现为：①中国的人口红利、资源红利和改革红利正在逐渐消失，经济增长进入了增速换挡与新旧动能转换阶段，我国经济已由高速增长阶段转向高质量发展阶段（周跃辉，2018）；②在国内经济增长趋缓和国际形势不明朗的情况下，国内消费者信心不足，家庭储蓄意愿强烈，社会总投资增速回落，内需仍然疲软（陈彦斌和王兆瑞，2019）；③国内长期存在的结构性问题涉及产业结构、区域结构、要素投入结构、排放结构、经济增长动力结构和收入分配结构等多个方面，结构性矛盾的解决需要一个过程，目前尚未得到根本改善，同时供给侧结构性改革在经历了概念和理论的传播、躬行探索和方案的设计与攻坚阶段之后，目前正处于全面深化改革阶段，今后的一段时间我国仍需大力推进结构性调整、持续深入推进供给侧结构性改革；④2016年以来我国 GDP 增速进入“6”时代，近期工业生产者生产价格指数（producer price index，PPI）和居民消费价格指数（consumer price index，CPI）保持“CPI 高位+PPI 为负”的模式，反映出国内经济下行压力加大的现状；⑤中国长期以来的粗放式经济增长方式对资源、环境造成了严重破坏，全球气候变暖、环境污染、资源浪费等问题的出现，不仅成为中国经济增长的主要障碍，同时严重威胁着全人类的生产和生活。外部环境的不确定性与国内的固有矛盾叠加，对当前中国经济持续稳定发展带来前所未有的挑战和压力。在此背景下，经济安全在我国安全体系中的地位日益上升，维护我国经济安全、提高经济竞争力是我国当前社会发展的客观需要。

当前世界经济正处于结构大调整时期，发达国家和新兴经济体都瞄准了这个时机，期望通过经济转型升级实现可持续发展。中国在此时制订的经济转型升级计划符合中国经济发展的内在需要和长远利益。经济转型是指一个国家或地区的经济体制和经济结构在一定时期内发生根本变化。本质上，经济转型是经济体制的更新和经济增长方式的转变。经济体制是国家经济活动的组织形式，也是资源配置的制度模式和具体形式，主要分为计划经济和市场经济两种形式。经济体制转型的目的在于从制度层面引导中国经济的创新。经济结构是经济系统的要素构成及其相互关系，包括产业结构、市场结构、供需结构、区域布局等。经济结构转型的目的在于从内在动力层面实现经济增长方式的转变。

中国经济转型升级的内涵可概括为六个方面：①维持经济稳定增长。在推动经济转型升级的同时，保持合理稳定的经济增长速度依然重要。按照世界银行中等收入国家标准（人均收入 3996 ~ 12 375 美元），2019 年中国人均 GDP 突破 1 万美元，正处于中等收入国家向高收入国家迈进的关键阶段，要继续保持发展动力、持续维护社会稳定，提升自主创新能力、转变经济增长方式，避免陷入其他发展中国家在经济发展中出现的“中等收入陷阱”。②推进经济增长方式转变。经济的发展不仅源于资本和劳动力投入增加，也是不断革新的技术、逐步优化的经济结构以及愈加有效的资源配置共同作用的结果。过去中国经济发展以速度优先，忽视了经济结构的优化，付出了巨大的经济成本、环境成本和社会成本，形成当前经济运行中的主要矛盾和症结。从要素驱动、投资驱动为主转向创新驱动为主是新时期实现经济持续增长的显著特点。③提高经济增长质量和效益。在经济新常态时代，我国经济由速度优先转向高质量发展。经济高质量发展需要更好地满足人民日益增长的美好生活需要，体现创新、协调、绿色、开放、共享的发展理念，同时实现生产要素投入少、资源配置效率高、资源环境成本低和经济社会效益好的目标。④积极发展循环经济。中国正处于工业化和城镇化加速发展阶段，经济发展与资源环境之间的矛盾更加突出，发展循环经济是建设资源节约型、环境友好型社会的必然选择。我国发展循环经济的本质是正确处理经济发展与环境保护的关系，用发展的思路解决资源约束和环境污染问题，在发展经济中保护生态，在生态保护中推动发展，在发展经济中提升环境质量。⑤大力调整收入分配格局。公平的收入分配是社会公平的重要体现，是社会主义分配原则的主要内涵，是实现共同富裕的必然要求。国民收入分配格局与经济生产、社会消费休戚相关，其合理程度对投资消费具有直接影响。国民消费是经济增长和发展的主要动力之一，尤其在当前经济内需不足的情况下，提高低收入人群收入、扩大中等收入群体规模、缩小居民收入差距、改革收入分配制度，才能进一步提升内需、推动经济增长。⑥推进实现新旧动力转换。当前国际形势波谲云诡，新一轮科技革命和产业革命孕育兴起，为我国经济增长提供新引擎、带来新机遇。在科技创新和制度创新的双重驱动下，我国原有的经济格局正在发生巨大变化，新产业、新业态、新技术、新商业模式迅猛发展。我国经济在转变发展方式、优化经济结构、转换增长动力的过程中，探寻培育新的增长点，走创新驱动发展道路，推动新旧动能顺利转换，才能使我国经济成功转型升级，进而实现真正意义上的国家强大。

历史和经验表明，中国历次经济的成功转型都离不开有效的市场和有为的政府。市场在经济转型过程中对资源配置起决定性作用，政府因势利导、维持宏观环境，起到顶层设计的作用，只有有效的市场和有为的政府相结合，才能提升经济的竞争力。在当前严峻的内外形势下，我国政府要采取更加丰富的经济手段、行政手段和法律手段，保证经济转型的顺利推进，促进经济可持续发展。

制造业是国民经济的根基和我国经济发展的根本支撑，在经济新常态背景下，制造业的高质量发展关系到经济高质量发展的总体目标，必须摆在发展全局的突出位置（王志军，2020）。改革开放以来的40多年里，中国制造业持续快速发展，带动了中国经济的增长，保障了就业。近年来，我国经济环境错综复杂，外部受到发达国家和新兴经济体的双重挤压，内部面临经济增长减速、产业结构优化调整的双重压力。与此同时，能源消耗、环境污染和制造业产能过剩等问题，成为社会经济良性和可持续发展的影响因素。在经济转型的新时期，推动制造业高质量发展是制造业主动适应经济新常态和破解当前面临难题的必然选择。

伴随着中国工业化进程步入后期，人口红利逐渐消失，老龄化问题逐步显现，劳动力成本快速上涨，使得长期以劳动力低成本为优势的中国制造业面临严峻挑战。近年来，不仅制造业增加值占GDP比例呈下降趋势，中国制造业采购经理人指数（purchasing managers' index，PMI）也持续低迷。制造业PMI是反映制造业订单、产量、价格、雇员、库存、进出口等多方面情况的综合性经济先行指标，具有高度的时效性，已成为全球制造业运行情况的重要评价指标。根据中国物流与采购联合会网站发布的数据，2018～2019年我国PMI波动幅度较大，2019年PMI整体水平低于2018年，除2019年末出现了触底反弹，其余月份均保持在荣枯线以下。PMI同比增长率在两年间仅有4个月为正增长，且2018年6月至2019年10月出现连续17个月的负同比增长。各种迹象均表明，两年间制造业企业对我国制造业未来发展的预期不容乐观，详细数据趋势如图1.2所示。

当前，我国制造业面临不断变化的内外环境，高质量发展面临一系列新机遇和新挑战。一是制造业国际竞争加剧。近年来，发达国家高度重视制造业发展，纷纷出台“再工业化”战略，加强对先进制造业的前瞻布局，抢占未来产业竞争制高点。美国相继推出《美国先进制造业国家战略计划》《美国国家制造业创新网络计划》《美国先进制造业领导者的战略》，制订了聚焦发展人工智能、先进制造、量子科技和5G技术等先进技术的战略计划（李丹，2013；赵正国，2019）。德国继工业4.0战略之后，进一步发布《国家工业战

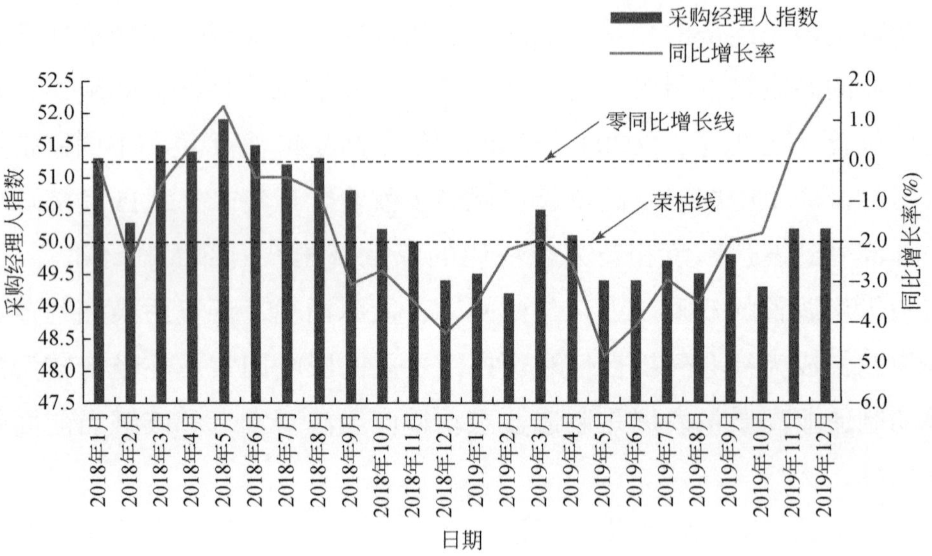

图 1.2　2018～2019 年中国制造业采购经理人指数

资料来源：中国物流与采购联合会

略2030》草案，涉及领域不仅有前沿科技，还有成熟的传统高端制造业。日本、韩国等国也相继出台了制造业发展战略，促进本国制造业的发展。在发达国家制定战略促进制造业回流的同时，我国周边的发展中国家将低要素成本优势转化为产业优势，全球劳动密集型产业国际分工格局明显变化、产业链转移。二是我国自主创新能力有待提升。创新是引领发展的第一动力，提升自主创新能力，抢占科技创新制高点，才能赢得发展的主动权和话语权。我国关键核心技术的供给不足，“卡脖子”问题依然存在，严重影响我国制造业持续健康发展。我国协同创新的制度环境尚不完善，产学研有待深度融合，知识产权保护和科技成果转化效果不甚理想，使得新技术新产品难以产业化。我国研发经费投入强度不断提升，但与世界科技强国相比仍有较大差距，基础研发、中央财政投入占比偏低等问题较为突出。三是制造业新旧动能转换需要加速。过去我国制造业的发展多以投资驱动，导致很多产业出现产能过剩现象，这足以说明投资驱动增长的模式不可持续。未来我国制造业要更多依靠创新驱动，利用产业的转型升级推动制造业高质量发展。从制造业内部不同行业来看，目前已经出现了明显的分化，高端制造业投资增速持续走高而传统制造业一路下滑的趋势显著。在这种情况下，推动制造业高质量发展作为稳定增长的重要依托，从总量扩张向结构优化转变，引导传统制造业新旧动能转换，应当作为新时期我国政府引导制造业发展的原则。

2018年底召开的中央经济工作会议指出，要推动制造业高质量发展，坚定不移建设制造强国，进一步明确了新时代我国制造业发展的历史任务（苗圩，2019）。我们要深刻认识到，推动制造业高质量发展是建设社会主义现代化强国的必由之路，是实现经济高质量发展的重中之重，也是全面抓住重要战略机遇期的根本要求。为此，我国制造业在新时期要着力增强制造业技术创新能力，推动先进制造业和现代服务业融合发展，加快制造业结构优化升级，推进企业优胜劣汰，健全人才资源支撑体系，提高制造业开放程度。

（2）环境保护事业全面推进，生态文明建设成效初显

生态环境保护一直是世界各国关注的焦点问题，大气污染、全球变暖、能源匮乏等问题时刻威胁着人类的生存安全。长期以来，我国经济的高速增长都是以环境污染和资源消耗为代价的。随着中国经济的快速发展，我国城镇化、工业化进程加快，煤炭和石油等化石能源消费量增长迅猛，各类环境污染问题急速加剧，经济发展与环境保护之间的矛盾日益突出。

人类活动尤其是重工业发展会排放大量的温室气体，造成温室效应，进而导致全球气温升高、海平面上升。二氧化碳是最主要的温室气体，对温室效应的贡献程度高达60%。制造业的发展离不开化石能源的消耗，会产生大量的二氧化碳，因此二氧化碳排放量一定程度上能反映一个国家的工业化、城市化和技术发展水平。根据国际能源署公布的数据，中国2014年二氧化碳排放量为91.642亿吨，是全球二氧化碳排放量最高的国家。分析七国集团（G7）和金砖国家的二氧化碳排放量走势可以发现，1992～2014年，中国的二氧化碳排放量保持着逐年缓步增长的趋势，且后期持续处于全球排放量第一的位置，而美国、欧盟多国后期已开始出现下降趋势，其他各国数据走势如图1.3所示。从人均二氧化碳排放量的角度来看，中国人均二氧化碳排放量从2001年开始呈现稳步增长的态势，但远低于居世界首位的美国，世界主要国家人均二氧化碳排放量走势如图1.4所示。《全球能源和二氧化碳现状报告2018》显

示，全球能源需求持续增长，但高效的可再生能源供给不足，将继续提升全球的二氧化碳排放量。全球气候变暖和能源匮乏问题愈发严重，环境保护和可再生能源的开发利用越来越紧迫。

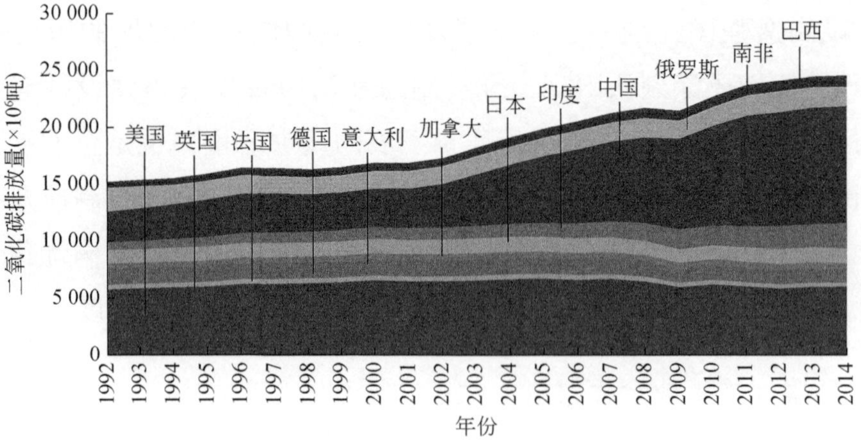

图 1.3　世界主要国家二氧化碳排放量

资料来源：Wind 数据库

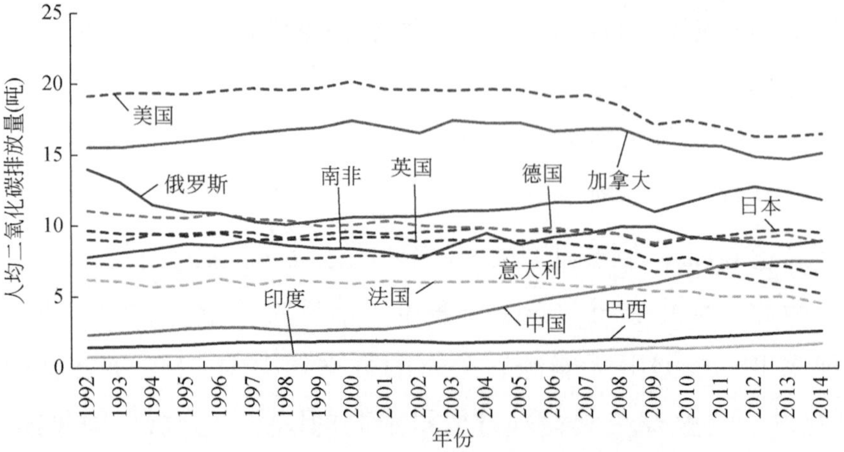

图 1.4　世界主要国家人均二氧化碳排放量

资料来源：Wind 数据库

中国是世界上最大的温室气体排放量国家，同时也是世界上最大的发展中国家。面对全球共同利益与国家利益之间的博弈，中国积极采取灵活的应对措施，逐步修正策略，加强国际合作，同世界各国在应对气候变化和能源环境问题上达成众多共识并一道努力。在国际环境事务中，中国加入了《联合国人类环境会议宣言》《保护臭氧层维也纳公约》《关于消耗臭氧层物质的蒙特利尔议定书》《联合国气候变化框架公约》《京都议定书》《巴黎气候变化协定》《中美气候变化联合声明》等数十项涉及环境保护的国际条约，积极履行这些条约中规定的义务，为全球环境治理做出了重大贡献。在国内环境保护事务中，我国政府和相关部门同样在应对气候变化、制定节能减排目标等方面采取了一系列行之有效的措施。我国政府在“十一五”规划中提出“单位国内生产总值能源消耗降低20%左右”“主要污染物排放总量减少10%”。2007年，我国第一部应对气候变化的综合政策性文件《中国应对气候变化国家方案》发布，全面阐述了我国在应对气候变化方面的对策。2008年，我国政府进一步发布《中国应对气候变化的政策与行动》白皮书，全面介绍了我国减缓和适应气候变化的政策与行动。2012年，国务院印发《“十二五”控制温室气体排放工作方案》，明确“到2015年全国单位国内生产总值二氧化碳排放比2010年下降17%”的目标。2014年9月，国家发展和改革委员会印发了《国家应对气候变化规划（2014—2020年）》，提出了到2020年应对气候变化工作的主要目标，其中在控制温室气体排放行动目标方面，包括“单位国内生产总值二氧化碳排放比2005年下降40%～45%，非化石能源占一次能源消费的比重到15%左右”。

能源是经济发展和社会进步不可或缺的重要生产要素，能源的消耗通常与经济增长同步或快于经济增长。中国是能源消耗大国，且近年来中国的能源消耗量仍处于持续增长态势，而我国资源存量长期不足，长期来看对国家的能源安全、经济安全和社会安全都会带来巨大的挑战。《BP世界能源统计年鉴》（2019年版）公布的数据显示，2018年我国能源消耗增速进一步上升至4.3%，而之前十年的平均增速为3.9%，且当年中国能源消耗量占全球能源消耗量的24%。中国历年一次能源消耗量数据见图1.5。中国的能源结构性矛盾突出，主要表现在对于煤炭的高度依赖性，从图1.6可以看出，2018年我国煤炭消耗量占比为58%。而这一比例创历史新低，说明我国能源结构在逐步改善。此外，单位能耗GDP产出量能够反映经济生产活动中资源利用的效率，根据世界银行公布的2014年数据，与世界主要工业化国家相比，我国的能源利用效率处于中下等水平，而英国和意大利在这一指标上的表现突出，其他国家单位能耗 GDP 产出量见图 1.7。综上，我国能源利用仍然存在着能源消耗总量大、能源供需不平衡、能源利用效率低等问题，未来我国能源安全问题依旧值得密切关注。

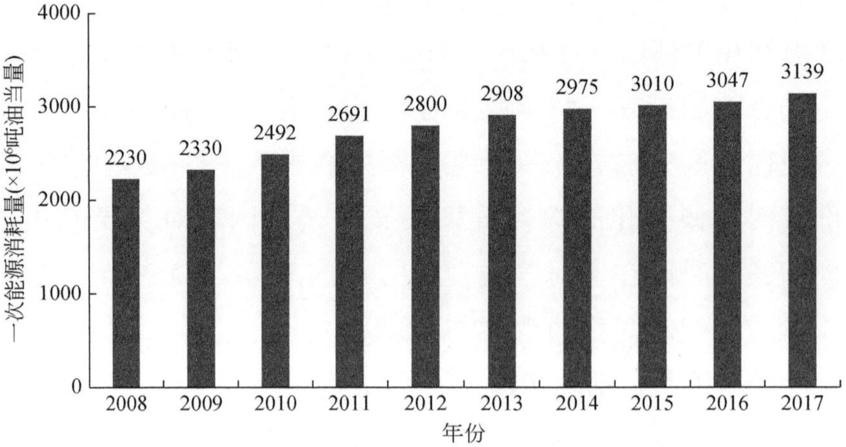

图 1.5 中国 2008 ~2017 年一次能源消耗量

资料来源：Wind 数据库

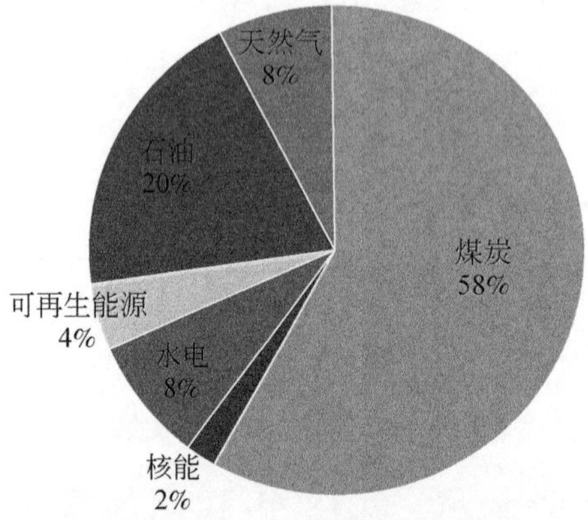

图 1.6 2018 年中国能源消费结构

资料来源：《中国能源发展报告 2018》

中国是世界上最大的能源消费国，也是世界上最大的石油进口国，中国的能源治理对全球能源秩序具有巨大影响。几十年来，中国不断加强国际合作，积极参与全球能源治理体系建设，为治理体系的健康发展做出了实质性贡献。在国际能源事务中，中国于 1983 年成为世界能源理事会（World Energy

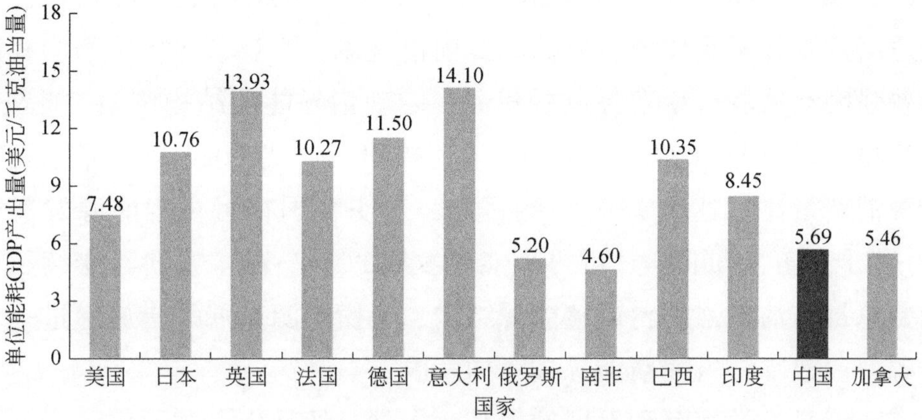

图 1.7 世界主要国家单位能耗 GDP 产出量

资料来源：Wind 数据库

Council，WEC）成员，开始接触并尝试参与全球能源问题的讨论与交流。21 世纪以来，中国更加积极主动地为全球能源问题做出努力。中国以成员国、联盟国、对话国以及观察员国的身份分别加入国际能源署（International Energy Agency，IEA）、国际能源论坛（International Energy Forum，IEF）、石油输出国组织（Organization of the Petroleum Exporting Countries，OPEC）、《能源宪章条约》（*Energy Charter Treaty*）、国际可再生能源署（International Renewable Energy Agency，IRENA）、国际原子能机构（International Atomic Energy Agency，IAEA）等国际能源组织或条约。同时，中国开始在更高层次、涵盖议题更广泛的国际和区域组织中讨论能源问题，如二十国集团（G20）、金砖国家、亚太经济合作组织（Asia Pacific Economic Cooperation，APEC）、上海合作组织（Shanghai Cooperation Organization，SCO）、国际能效合作伙伴关系组织（International Partnership for Energy Efficiency Cooperation，IPEEC）等。此外，中国参与设计了多个国际能源机制，包括国际能源论坛和清洁能源部长级会议（Clean Energy Ministerial，CEM），并积极承办众多国际能源领域会议。针对国内能源问题，我国出台了一系列战略规划和政策措施，同时对新能源产业制定税收政策和补贴政策，引导全国能源消费结构调整，扶持新能源产业发展。2005 年，我国颁布《中华人民共和国可再生能源法》，为我国可再生能源产业的持续健康发展提供了基本准则。2007 年，我国修订了《中华人民共和国节约能源法》，并将节约资源确定为基本国策。《能源发展“十一五”规划》

明确提出“2010年单位GDP能耗降低20%左右”的目标，并遴选出优先发展的先进适用技术和需要加强研究的能源前沿技术。“十二五”期间，我国制定能源消费强度和消费总量双控制的机制，宏观指导能源结构调整。此外，《能源发展战略行动计划（2014—2020年）》提出了“到2020年，非化石能源占一次能源消费量比重达到15%”的目标，表明我国在可再生能源发展中的极大信心。“十三五”期间，《可再生能源发展“十三五”规划》继续采取控制能源消费总量与消费强度、调整能源结构、平衡能源布局等措施，进一步提高国内能源使用效率，巩固新能源技术的发展。

生态环境是人类生存和发展的根基，人与自然是生命共同体，生态环境的变化直接影响人类文明的进程。众多由生态环境破坏导致的经济衰落提醒我们，人类只有遵循自然规律才能创造更美好的生活。改革开放以来，我国经济蓬勃发展的同时出现了大量生态环境问题，阻碍了社会的正常运行。例如，过度使用化石燃料造成的大气污染，会引起人类哮喘、肺癌等疾病；制造业的废水排放形成水污染，进而引发多种人类传染病等。随着我国社会主要矛盾的转变，生态环境在人民群众生活幸福指数中的权重不断提高。因此，必须清醒认识到，我国生态环境保护依旧面临重重挑战，必须坚持生态文明建设，为人民创造良好的生产生活环境，为生态安全做出贡献。

近年来，我国生态文明建设事业驶入快车道，环境质量得到快速改善，美丽中国建设日新月异。然而，我们不能有丝毫松懈，我们需要清楚地认识到生态环境治理的成效并不稳固，生态文明建设仍有许多难关要过，还有不少“硬骨头”要啃，形势依旧十分严峻。建设生态文明要落实到实际行动中，不能仅仅是一句口号，不仅需要地方政府顶层设计的智慧和魄力，更需要执行过程中的铁腕手段。生态文明建设要有生态文明体制改革的制度保障，要加快生态监管体制改革，落实地方政府的主体责任，加强环保督查，严格惩治污染和破坏生态环境的行为。生态文明建设要全民参与，不仅是政府的事，企业、个人都要广泛参与，形成“人人参与、人人治理、人人监督、人人遵守”的良好局面，共同守护生态环境，共享治理成果。

（3）去产能行动持续发力，供给侧结构性改革深入推进

产能过剩是随着经济的周期性波动而产生的一个问题，通常是指市场上流

通的产品或者厂商的生产能力远高于市场实际需求的状态。轻微的产能过剩属于正常的经济现象，且能够促进市场竞争、优化资源配置。严重的产能过剩如果得不到及时治理，将诱发大规模失业，增加银行不良资产和金融风险，形成通货紧缩压力，增加宏观经济的不确定性。改革开放以来，我国先后经历了三次严重的产能过剩：第一次出现在1998～2001年，伴随着东南亚金融危机的爆发而出现，综合表现为经济的严重衰退趋势，属于周期性产能过剩；第二次出现在2003～2006年，中国经济出现局部过热现象，部分行业存在盲目投资和低水平重复建设的问题，属于非周期性产能过剩；第三次起始于2009年并持续至今，起因于2008年的全球金融危机与我国政府采取的经济刺激措施，也属于周期性产能过剩。这一阶段的制造业产能过剩在生产要素成本提高、社会需求结构提升和产业结构转型调整的背景下出现，是中国制造业重心长期处于价值链的中下游、自主创新能力不足的结果，并且呈现出持续时间长、波及行业广的特征。

众多发达国家在工业化进程中都多次经历产能过剩，不仅涉及传统产业和新兴产业，还出现了向金融、软件服务业等第三产业蔓延的势头。美国和日本是世界上较早实现工业化的国家，也是较早出现产能过剩问题的国家，两国在应对产能过剩问题方面的研究和实践起步较早，为我们提供了宝贵的经验。

20世纪80年代以来，美国一共出现过4次较为严重的产能过剩。第一次和第二次分别出现在80年代初和90年代初，均以汽车、石油和钢铁等传统产业为代表；第三次出现在21世纪初，由于受到互联网泡沫的影响，这次的产能过剩主要集中在电子制造和信息通信产业等高新技术部门；第四次出现在美国次贷危机带来的金融危机时期，广泛地发生在众多领域（万远鹏，2016）。美国历次产能过剩出现的背景、行业和程度都有所不同，但采用的治理措施都成效显著。美国历来崇尚市场经济，因此在治理产能过剩的过程中也十分重视市场机制的作用，并适时施加恰当的政府干预。总的来看，美国的治理措施主要分为五类：①促进产业升级和技术创新。美国政府在困难时期，加大对高新技术产业的财政支持，改善创新机制，实现产业转型和升级，并先后颁布《重振美国制造业框架》《美国先进制造业国家战略计划》等（张亚豪和李晓华，2015），引导企业在先进材料、先进工艺、生产技术平台等方面的创新，塑造创新优势。②开展兼并重组，淘汰落后产能。美国在20世纪80年代出台了《1980年存款机构放松管制和货币控制法》和《加恩·圣杰曼法》（*Garn-St Germaine Act*），放松金融管制，并实施减税政策以刺激经济增长，出现了以钢铁和石油产业为主的兼并重组浪潮。③重视规范化的破产管理。实施严格的破产法律程序，选择性地保留在未来有创造力的产能，淘汰落后产能，放松破产债务偿还时间，保障失业员工的出路和储蓄等资金不被提取，缓解并减低企业破产对劳动力市场的冲击。④加强行业规范和监督管理。21世纪初，美国政府出台一系列措施，整顿金融机构，控制金融机构扩张规模，加强行业监管，优化产业结构。⑤引导产业转移与贸易保护。美国在历次产能过剩时期，都采取对外经济援助和向海外转移过剩产能的措施，有效化解了国内的矛盾。

日本在第二次世界大战以后出现了5次大规模的产能过剩。第一次出现在20世纪50年代，受军事需求停滞和军事轰炸的影响，日本当时的社会生产经营活动几乎中止，物价攀升，通货膨胀严重，经济萧条加剧。第二次出现在60～70年代，由于外部需求萎缩，出口导向的日本经济受到重挫，经济紧缩迅速恶化，产能过剩矛盾加剧。第三次出现在80年代中后期，由于当时低利率和扩张性财政政策的施行，产业投资规模迅速扩大，重复性投资导致大量生产设备闲置，产能过剩矛盾出现。第四次出现在90年代，在经历了持续的货币增发和贬值后，日本房地产泡沫破灭，各行业面临严重的产能过剩。第五次出现在2008年金融危机之后，全球经济增长放缓、内外部需求萎缩，工业产出和出口严重下滑，进而导致产能过剩。日本在应对产能过剩矛盾的过程中，采取了丰富的经济措施和产业政策，较好地抑制了产能过剩对社会的影响：①在促进产业结构转型和升级方面，日本政府出台了一系列法规和政策，包括《贸易与外汇自由化大纲》《关于产业结构的长期展望》《煤矿业重建调整临时措施法》《振兴机械工业临时措施法》《振兴电子工业临时措施法》《飞机工业振兴法》等，同时加大对高新技术产业的扶持，资助企业的技术研发活动（钟洪亮，2015）；②在淘汰落后产能方面，日本通过建立设备注册制度，核定生产设备的产能情况，颁布各产业的落后产能淘汰机制，并明确政府补偿兜底机制；③在拉动内需方面，日本适时制定了一系列宏观经济政策，如提高国民收入的“国民收入倍增计划”，同时持续完善各种社会保障体系，以拉动国内需求，化解产能过剩；④在拓展外需方面，日本政府出台了鼓励出口和对外投资的政策，同时推出出口振兴税收制度和出口保险制度，引导产业结构调整和升级转型。

中国各产业的产能过剩问题严重程度不尽相同，2013 年国务院发布《国务院关于化解产能严重过剩矛盾的指导意见》，明确指出“2012 年底，我国钢铁、水泥、电解铝、平板玻璃、船舶产能利用率分别仅为 72%、73.7%、71.9%、73.1%和75%，明显低于国际通常水平”。国家统计局公布的我国工业各行业的产能利用率数据显示，煤炭开采和洗选业，非金属矿物制品业，采矿业，电力、热力、燃气及水生产和供应业等行业明显处于全行业末流水平，属于存在严重产能过剩的行业（图 1.8）。根据中央近年来发布的一系列文件，可以看出，我国目前存在严重产能过剩的行业主要包括钢铁、水泥、电解铝、平板玻璃、船舶、石化、煤炭、光伏、风电产业。从产业链的不同位置来看，我国存在严重产能过剩的行业主要集中在直接提供生产资源的上游产业和承接生产与消费环节的中游产业。梳理 20 世纪 80 年代以来国务院及主要部委发布的关于治理产能过剩的政策文件（表 1.1）可以发现，我国产能过剩问题出现的行业呈现出一个由上游产业向中游产业，再由中游产业向上游产业转换的演化路径，如图 1.9 所示。

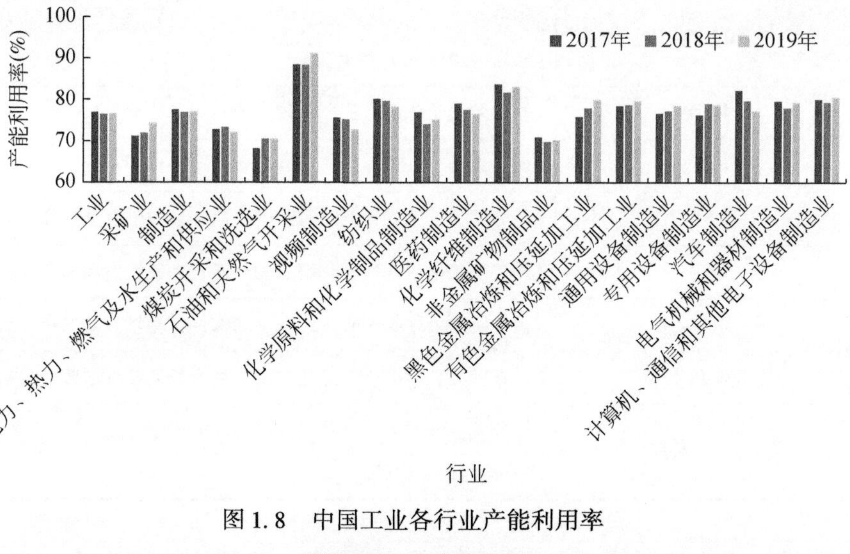

图 1.8 中国工业各行业产能利用率

资料来源：国家统计局

表 1.1　国务院及主要部委发布的关于治理产能过剩的政策文件

年份	发文单位	文件名称
1990	国务院	《国务院关于贯彻国家产业政策对若干产品生产能力的建设和改造加强管理的通知》
1991	国务院	《国务院关于严格控制扩大炼油生产能力的通知》
1992	国务院办公厅	《国务院办公厅转发纺织部、国家计委、国务院生产办关于严格控制棉纺、毛纺生产能力和加强化纤生产能力管理意见的通知》
2000	国务院办公厅	《国务院办公厅转发国家经贸委等部门关于严格控制新增棉纺生产能力规定的通知》
2002	国务院办公厅	《国务院办公厅转发国家计委国家经贸委关于制止电解铝行业重复建设势头意见的通知》
2003	国务院办公厅	《国务院办公厅转发发展改革委等部门关于制止钢铁电解铝水泥行业盲目投资若干意见的通知》
2006	国务院	《国务院关于加快推进产能过剩行业结构调整的通知》
2009	国务院	《国务院批转发展改革委等部门关于抑制部分行业产能过剩和重复建设引导产业健康发展若干意见的通知》
2010	国务院	《国务院关于进一步加强淘汰落后产能工作的通知》
2011	国家发展和改革委员会	《产业结构调整指导目录（2011 年本）》
2013	国务院	《国务院关于促进光伏产业健康发展的若干意见》
2013	国务院	《国务院关于印发船舶工业加快结构调整促进转型升级实施方案（2013—2015 年）的通知》
2013	国务院	《国务院关于化解产能严重过剩矛盾的指导意见》
2015	国务院	《国务院关于推进国际产能和装备制造合作的指导意见》
2016	国务院	《国务院关于钢铁行业化解过剩产能实现脱困发展的意见》
2016	国务院	《国务院关于煤炭行业化解过剩产能实现脱困发展的意见》
2016	国务院办公厅	《国务院办公厅关于石化产业调结构促转型增效益的指导意见》
2016	国务院办公厅	《国务院办公厅关于促进建材工业稳增长调结构增效益的指导意见》
2016	国务院办公厅	《国务院办公厅关于营造良好市场环境 促进有色金属工业调结构 促转型增效益的指导意见》

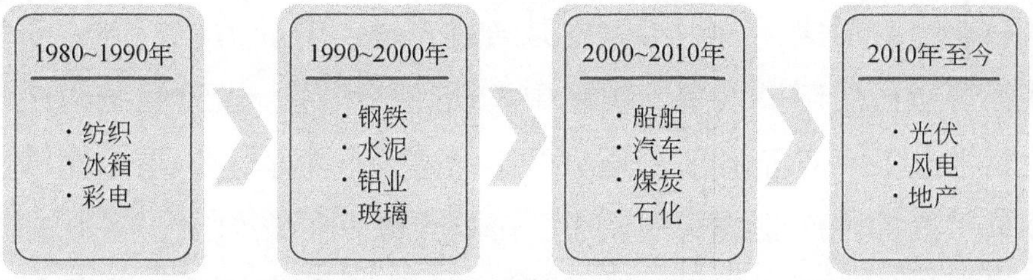

图 1.9 中国产能过剩行业演化路径

为了克服产能过剩的困境，我国政府密集地出台了多项政策，对存在产能过剩问题的相关行业提出具体的指导意见，体现了政府对解决去产能问题的重视程度。通过对多项政府文件的梳理分析发现，政府部门对产能过剩行业开展治理和指导工作的产业政策主要包括安全生产、质量督查、环境保护、技术创新、结构调整、行业准入和行业规划。安全生产相关的产业政策主要从固定资产维修、应急安全设施、设备事故等方面进行监管和指导。质量督查相关的产业政策主要涉及质量监督、质量管理、标准管理、生产许可证、资质管理等方面的内容。环境保护相关的产业政策包括清洁生产、节能减排、污染防治、资源综合利用等内容。技术创新相关的产业政策涉及科技成果转移转化、成果鉴定、技术改造、科技进步奖励、技术推广等内容。结构调整相关的产业政策包括总量控制、清理整顿、淘汰落后产能、固定资产投资、差别电价、抑制重复建设、财政奖励、兼并重组等方面的内容。行业准入相关的产业政策主要涉及行业准入条件、行业规范条件方面的内容。行业规划相关的产业政策主要涉及产业发展政策和产业规划政策两方面的内容。

2015 年召开的中央财经领导小组第十一次会议和中央经济工作会议明确提出将供给侧结构性改革作为新一年的工作重心，且将去产能作为供给侧结构性改革的五大任务之首，我国供给侧结构性改革自此进入起步阶段。2016 年 3 月的政府工作报告中明确指出要“加强供给侧结构性改革，增强持续增长动力”，说明我国供给侧结构性改革进入全面实施阶段。此后，国务院及相关部门相继发布《关于积极稳妥降低企业杠杆率的意见》《关于市场化银行债权转股权的指导意见》等一系列配套政策，为我国供给侧结构性改革的实施提供了政策性指导和保障。

在经济学中，需求侧是通过投资、消费和出口“三驾马车”扩大需求，从而提升短期经济增速，而供给侧则是通过土地、劳动力、资本、创新等生产要素，从经济运行的源头入手，拉动中长期经济增速。供给侧结构性改革是在我国经济新常态下应对经济下行压力的必然选择。本质上，供给侧结构性改革是通过改革手段推进产业结构的调整，降低无效和低端供给，提升有效和中高端供给，增强供给侧对需求侧变化的适应性和灵活性，同时提高全要素生产率，提升经济增长的质量和数量的行动。中央经济工作会议上明确了供给侧结构性改革的五大任务，包括去产能、去库存、去杠杆、降成本和补短板，被称为“三去一降一补”。其中，去产能位列五大任务之首，要求用创新消化结构性过剩产能，形成新的供给和需求，进而在培育和升级经济转型过程中维持经济中高速增长 。

制造业是众多资源要素最集中的领域，是供给侧结构性改革的主战场。从2018 年 12 月召开的中央经济工作会议可知，新一年的重点工作任务首先就是推动制造业高质量发展。制造业供给侧结构性改革是一项系统性工程，要强化创新的引领作用，通过要素结构的优化提高制造业供给体系的质量和效率，从而推动制造业迈向中高端，实现从制造大国向制造强国的跨越。

1.1.2 研究意义

通过上述对我国当前经济社会背景和制造业发展面临问题的深入分析，可知我国制造业目前面临严峻的产能过剩问题，同时肩负环境保护和供给侧结构性改革的重担。在这种背景下，制造业如何权衡环境保护、去产能和效率提升之间的关系，急需一套科学、系统的研究方法进行指导。然而，目前学术界对制造业开展研究的方式主要是单一视角、纵向深入，能够满足制造业现实需求的综合性解决方案相对匮乏。

本书在对现有文献总结梳理的基础上，从供给侧视角出发、融合环境因素、改进现有研究方法，创新性地提出一套符合中国制造业当前情况的产能利用率测度体系，在理论和实践方面都具有重要的意义。

在理论方面，本书通过引入方向距离函数，解决了传统产能利用率测度方法中非期望产出不能作为产出指标的问题；进一步提出了该测度方法的动态演化模型，为产能利用率的演化分析提供理论方法工具；从中国供给侧结构性改革实际出发，在中长期视角下提出供给侧要素可拆除的产能利用率的测算方法，拓展了传统微观经济学中生产理论的视角，具有重要的理论研究意义。

在实践方面，制造业厂商在生产过程中需要兼顾节能减排、效率改进和产能利用率提升，本书提出的产能利用率测度模型引入了环境因素，符合制造业现实需要，能够更好地指导制造业制订生产计划和开展管理考核；在供给侧结构性改革背景下，制造业的生产活动要在淘汰落后产能的情况下满足社会需求，本书提出的产能利用变化率测度模型将固定设备的淘汰机制纳入模型，刻画了制造业现实场景，具有重要的实践应用价值。

1.2 国内外产能利用率监测体系

为解决近年来集中出现在钢铁、水泥、电解铝、造船等行业的产能过剩问题，国务院先后发布了多个指导性文件，如《国务院关于加快推进产能过剩行业结构调整的通知》（国发〔2006〕11 号）、《国务院批转发展改革委等部门关于抑制部分行业产能过剩和重复建设 引导产业健康发展若干意见的通知》（国发〔2009〕38 号）、《国务院关于化解产能严重过剩矛盾的指导意见》（国发〔2013〕41 号），对化解产能过剩进行总体部署，并多次提到要建立过剩行业的产能预警体系和监测机制，然而时至今日我国仍未建立起一套行之有效的工业产能利用率监测体系。美国等发达国家从 20 世纪已建立起一套较为完善的工业产能利用率监测体系，为工业主管部门实时把握各行业产能动态信息，辅助相关管理部门的决策提供了有效的助力，对我国具有重要的借鉴意义。

为此，本书对我国及西方主要国家已开展的产能利用率监测活动进行调研，可以更加全面地掌握我国已有的监测体系基础、国外开展相关监测活动的先进经验，也可以为我国未来建立一套科学合理并行之有效的产能利用率监测系统提供参考，进而为我国去产能行动的开展贡献力量。

1.2.1 我国产能利用率监测体系

我国工业产能利用率的监测活动最早可以追溯21世纪初，多采用统计调查法通过对特定行业内的企业发放调查问卷和依托报送平台定期收集信息等形式开展。开展此类监测活动的权威机构主要包括国家统计局、中国人民银行和世界银行，除此之外还有部分地方统计部门和行业协会也开展了小范围的产能利用率调查或统计活动。然而，我国各部门开展的产能利用率调查或统计活动大部分都具有非连续性和非公开性的特征，因此公众往往只能通过部分官方文件或报道获得部分调查结果。

国家统计局针对工业企业和工业产品开展了一系列的相关统计活动，属于我国在产能利用率监测领域探索次数最多、调查体系最完善的部门，这一系列的相关统计活动对我国未来建立过剩产业产能预警系统和监测机制具有重要的参考价值。2003年开始，国家统计局建立了工业产品产能统计制度，主要针对我国14个主要工业行业内部规模以上企业进行年度调查，其中产能利用率的测度主要依靠企业提供的工业产品产量统计数据。2006年，国家统计局推出工业企业生产经营状况及趋势判断专项调查制度，完善了已有调查制度并扩大原有统计范围至4万家大中型和3万家规模以下工业企业，形成了专门针对工业企业的综合产能利用率调查制度。2015年，国家统计局进一步推出针对第二、第三产业的主要行业生产经营景气状况统计制度，其中包括对工业企业产能利用率的季度性调查，该调查的开展主要依托国家统计局的统计直报平台，可以直接收集企业提供的设备能力利用率以及企业主要负责人对本行业景气状况的判断等信息，上述3项调查制度对应的具体信息见表1.2。由此可以发现，国家统计局对工业企业开展的产能利用率调查实践活动的准确性和可靠性得到不断提升，这些实践活动成为我国官方测度工业产能利用率的主要依据。

表1.2 国家统计局产能利用率统计制度主要信息

统计制度	年份	调查指标	调查对象	调查形式	统计频率	存在问题
工业产品产能统计制度	2003	工业主要产品生产能力	14个主要工业行业内部规模以上企业	问卷调查	年度统计	行业覆盖面窄，不能充分反映我国工业整体的产能利用情况

续表

统计制度	年份	调查指标	调查对象	调查形式	统计频率	存在问题
工业企业生产经营状况及趋势判断专项调查制度	2006	工业企业综合产能利用率	4万家大中型和3万家规模以下工业企业	问卷调查与报送平台相结合	季度统计	数据不对外公布
第二、第三产业的主要行业生产经营景气状况统计制度	2015	工业企业产能利用率	12 000家工业企业	问卷调查与报送平台相结合	季度统计	数据不对外公布

中国人民银行开展的与工业产能利用率相关的调查活动起始于1990年，建立了针对5000余家企业开展的景气调查制度，这项调查主要包括月度的工业企业主要财务指标调查和季度的工业景气状况调查两大项目。在工业景气状况调查编制的调查问卷中包含企业设备能力利用水平这一指标，因此中国人民银行开展的调查活动不属于直接的工业企业产能利用率调查，同时这一数据也未对外公布。从调查对象的结构来看，该项调查涉及众多大中型国有生产企业、集体性生产企业及集团、合资或外资及股份制生产企业，与我国工业企业的结构特征基本吻合，能够较好地反映企业产能利用的绝对水平和变化情况，因此也成为考察我国工业产能利用率的可靠信息来源。

除国家统计局和中国人民银行以外，世界银行也从2003年开始对我国企业产能利用率开展了相关的调查活动，主要公布在营商环境调查报告中。这项调查通过对我国众多企业开展问卷调查，收集与营商环境相关的数据，其中包含产能利用率数据。然而，该项调查的问卷存在众多概念层面的问题与涉及内容过于广泛的问题，同时受到调查人数的能力制约的影响，近年来遭受了较多的诟病，所以只能作为反映我国微观企业产能利用率的数据库之一。

除上述3家权威机构对我国产能利用率开展系统性调查以外，部分地方统计部门和行业协会也开展了小范围的产能利用率调查或统计活动，包括上海市统计局、重庆市统计局、中国钢铁工业协会、中国有色金属工业协会等，然而此类统计调查活动都存在调查范围局限于某一行业或地区、数据和调查方法不公开等问题，因此我们不再开展更加深入的调查。

综上，我国权威部门对各行业产能利用率的监测行为由来已久，开展的方式多以统计调查为主，一个主要的特点是产能利用率多作为权威部门调查分析行业（企业）经营现状或经营环境的一个因素而非主要考察重点，致使许多宝贵的产能利用数据不对外公布。因此，我国未来在产能利用率监测与过剩产能预警体系的建立过程中还有很长的路要走。

1.2.2 美国产能利用率监测体系

美国对产能的监测始于20世纪50年代，在监测制度和体系的不断改良与完善之下，美国已经逐渐形成了以美国联邦储备委员会、美国人口调查局、美国能源部和其他政府机构为主的工业产能及产能利用率调查体系。在整个产能利用率的调查体系中，美国联邦储备委员会作为核心部门和数据发布机构，需要整合来自其他机构的前期调查数据、明确产能的定义、制定产能利用率的测度方法、调整和修正测度数据等。

美国早期产能及产能利用率监测制度的主要信息见表1.3，可以发现早期的监测活动主要集中在一些与工业材料相关的行业，且主要以实物量的形式为依据来计算产能或产能利用率。20世纪70年代以后，美国人口调查局逐渐加入美国工业产能监测体系，开始对数千家企业进行年度或季度的工厂生产能力抽样调查。2007年，美国人口调查局开始进入历史舞台，开始推行企业生产能力季度调查制度，对拥有工人数量较多的制造业企业开展调查，并协助美国联邦储备系统（简称美联储）开展产能的推算和发布工作。此外，美国人口调查局还针对制造业推出了制造业年度调查。至此，美国工业行业产能利用率的调查体系的几个主要模块形成，在美国工业各行业的产能监测与预警活动中发挥了重要作用。

表1.3 美国早期产能及产能利用率监测制度的主要信息

时间	部门	监测指标或监测制度	测度依据
20世纪50年代	美联储	制造材料行业的产能指数	若干产品实物量数据
20世纪60年代	美联储	制造业和工业材料行业的产能与产能利用率	麦格–劳希尔公司的产能利用率调查年末数据
20世纪70年代	美联储和美国人口调查局	工厂生产能力调查	对数千家企业进行抽样调查得到的数据

由于产能与产能利用率的测度极大地依赖于抽样调查得到的信息，调查问卷的设置和抽样的设计至关重要，这里我们以企业生产能力季度调查为例进行

深入分析。企业生产能力季度调查的调查问卷的主要内容包括：经营状态、实际产值、产能、产能利用率、未达产能的原因、倒班方式、周生产天数、周生产时数、生产周数、正式和临时工人总数等。抽样调查的总体约为 20 万家企业，且根据每年抽样调查情况进行增减，样本约为 7000 家。抽样前，美联储和美国国防部会根据当年产业实际情况确定优先抽样行业，如将对当年增加值比例较大的行业予以重点关注，在抽样过程中设置多种处理方式兼顾企业不同规模、最低抽样概率、样本重复出现等情况。该项调查涉及制造业中的大部分行业，且还包括电力业、采矿和石油业、造纸业、化学工业等少数行业，这些行业的数据则由其他相关政府部门或个别大型企业提供。

关于产能利用率的核算指标，目前主流的是由美联储测度得到的 FRB 指数[①]，该指数从 1976 年开始被《美国总统经济报告》采用并且沿用至今。这一指数的核算方法是以改进其他产能利用率指标（包括沃顿指数和商务部指数）的设计缺陷为目的而提出的，其成功克服了周期性偏差问题，同时还可以保留有用的数据信息，因此受到广泛的使用。美联储公布的 FRB 指数包括月度数据、季度数据和年度数据三类，且存在两类具体公布形式，即按照加工流程细分和按照产业类别细分。该指数的数据大部分来自美国人口调查局开展的工厂生产能力调查，另外还有来自美国地质调查局、美国能源部的部分数据。美联储对上述多种渠道来源的数据加以整理、分析与计算，得到各细分部门的测度结果，然后通过合适的归并和加总方式最终得到产能利用率结果。

回顾美国产能利用率的监测体系可以发现，美联储开展的长期而有效的工业产能利用率监测，是以美国人口调查局强大的调查体系和众多的企业微观数据库为基础的。反观现阶段的中国，微观企业数据库还不够完善，同时还没有形成较系统的基于微观企业统计调查的产能利用率测度体系，所以导致我国在产能利用率周期性测度、发布和披露中的缺失。

1.2.3 日本产能利用率监测体系

日本同样属于较早开展产能利用情况调查的国家之一，相关调查活动最早

① FRB 指数是以包括中国、墨西哥在内的 26 种货币为对象来表示美元价值。

始于 1950 年，目前日本开展产能及产能利用率分析的数据主要来源于日本月度生产情况调查活动。月度生产情况调查以 16 个制造业行业中的 163 种产品为调查对象，选取 1800 个企业为样本，调查的主要内容为企业的产出和生产能力，由日本经济产业省经济产业政策局连同厚生劳动省、农林水产省等部门共同开展（孙晓，2017）。

日本采用的反映产能利用程度的指标为产能利用指数，该指数与传统意义上百分比形式的产能利用率有所不同，该指数是一个以 100 为基期数值的指数概念。产能利用指数从计算企业的实际产量与企业设备设计可实现产量之比开始，再按照指定基期年份为 100 将比值转换为对应的指数（定基产能利用指数），最后以增加值为权重计算加权平均值得到总产能利用指数。

经过一系列的调查、测度过程，初步得到的总产能利用指数在次月底对外发布，此后在第二个月中旬进一步发布修订版，同时发布的还有季节调整前后的数据。

1.2.4 加拿大产能利用率监测体系

加拿大也是较早开展产能利用情况监测的国家，其相关监测活动开始于 1962 年，目前相关数据主要来自加拿大自 1985 年调整后并沿用至今的年度资本和维修费用调查活动。年度资本和维修费用调查属于面向加拿大 2.8 万家商业企业和政府机构开展的统一企业调查项目的一部分，调查中涉及产能利用情况的内容仅由约 7000 家制造业企业填报。这项调查活动是由加拿大统计局设计和实施的，同时电力协会等其他部门负责调查并提供电力等其他少数行业数据。

在对产能利用率进行测度之前，加拿大统计局会对收集的基础数据进行极为严格的审核，包括微观错误排查、数据内部、调查之间、年份之间的检查，以及计量单位、百分数的校验等。具体的测度过程以产出资本比例（国内生产总值与资本存量之比）为基础，利用最小二乘法对其季度变化趋势进行拟合，从而进一步推算产能和产能利用率。针对跨行业的总产能利用率计算，通常利用分行业的产值和产能利用率对各分行业的产能水平进行估算，进而利用总产值和总产能求得总产能利用率。加拿大产能利用率的测度数据通常在季度结束后第三个月发布，同时发布的还包括季节调整前后的数据。

综合上述几个国家开展产能利用率调查的过程和测度方法，我们得出以下几点发现：①开展产能利用率调查的机构通常由政府统计部门担任，少数国家也可以由国家的权威经济组织开展；②产能利用率的调查方式以问卷调查与在线平台调查相结合的方式为主；③各国开展产能利用率监测活动的频率以季度调查为主，也存在少数年度和月度调查的形式；④产能利用率的计算通常采用反映经济规模的特定指标数值加权的方式，因此细分行业或地区的产能利用率也可以以其经济规模为权重系数，进一步加权测度其产能利用率；⑤产能利用率测度数据的公布时间通常为各季度结束后的一段时间，且在发布行业产能利用率测度数据的同时还会公布季节调整前后的数据。

1.3 产能利用率分析的框架与思路

根据上述分析，我们已经对我国现阶段开展“去产能”行动的背景和面临的挑战以及国内外开展产能利用率监测的实践情况有所了解，并且确认了开展产能利用率测度研究的重要意义。由此，本书的第 2 章和第 3 章将进一步探讨学术界目前的研究现状，对现实问题和现有研究不足进行总结，并从经济学中的生产理论出发，梳理 DEA 方法涉及的关键概念和相关基础理论知识，在此基础上介绍 DEA 的基本模型和基于 DEA 方法的传统产能利用率测度模型。本书的第 4 ~ 第 6 章主要针对传统产能利用率测度研究中未引入非期望产出、测度结果跨期不可比以及不适用于我国供给侧结构性改革实践的问题，对考虑制造业非期望产出的产能利用率测度模型、产能利用率的动态演化模型及其分解方法和供给侧结构性改革背景下的制造业产能利用率测度方法进行深入研究。这部分具体的研究工作包括以下三部分内容：

1）考虑制造业非期望产出的产能利用率测度模型。在介绍 DEA 模型中引入非期望产出的技术基础上，通过对非期望产出的弱可处置性和方向距离函数的引入，改造传统产能利用率测度模型，并根据测度结果对产能过剩的具体类型进行研究。

2）基于 DEA 的动态产能利用变化率测度模型。在归纳和分析 DEA 方法领域的5种成熟的生产率指数及其分解技术基础上，参考主流的动态绩效演化方法Luenberger生产率指数的构造和分解方法，将产能利用率测度方法拓展为动态产能利用变化率模型并构造相应的分解成分，且通过引入全局技术对模型进行改造，解决了模型可能存在的不可解问题。

3）供给侧结构性改革背景下的产能利用率测度模型。梳理古典经济学理论中的供给侧经济理论，为我国供给侧结构性改革提供理论支撑，并在此基础上改造现有产能利用率测度模型，引入中期经济的概念，构造供给侧视角下固定投入可拆除的产能利用率测度模型。

此外，在充分掌握与产能利用率有关的国际国内实践和学术研究的基础上，基于新开发的产能利用率测度模型和我国制造业二级子行业的真实数据，测度我国制造业近年来的产能利用率水平，同时结合我国制造业的政策环境分析产能过剩的成因与应对措施。

本书针对传统基于DEA方法的产能利用率测度模型无法刻画存在非期望产出的现实问题、无法开展动态产能利用率研究和不适用于供给侧结构性改革背景下的产能利用率测度等问题，引入非期望产出处理技术、方向距离函数、全局技术、中期经济概念等，构建了满足我国制造业当前发展阶段评估需要的产能利用率测度模型，并应用提出的模型在我国制造业二级子行业中进行实证应用。本书开展的研究工作满足了当前中国制造业环境友好型发展的趋势和要求，且适用于我国现阶段供给侧结构性改革的大背景，因此具有较强的理论研究价值和实践指导价值。

第 2 章　产能利用率相关研究回顾

本章将回顾产能、产能过剩及产能利用率相关的现有研究成果，分别从概念及内涵、成因及影响因素和测度方法 3 个视角进行归纳和总结，为本书后续的研究提供依据。其中，2. 1 节分析了现有研究中的不同视角，并系统介绍了 5 种常用的产能概念。2. 2 节从市场、企业和政府 3 个角度分析了产能过剩的成因，同时对影响产能过剩的 5 类因素进行了说明。2. 3 节归纳总结了主流的产能利用率测度方法并分别进行了介绍。2. 4 节对现有研究进行简要评述。

2. 1　产能及产能过剩的概念及内涵

产能过剩是指专用固定资产、原材料、特定的劳动力等不可任意处置或者难以转作其他生产活动用途的生产要素决定的最大产出能力远高于市场实际需求的状态。这种专用固定资产通常存在于工业领域，因此产能过剩也经常出现于各国的工业制造业中。

国内外学者根据研究对象涉及的范围，分别从微观、中观和宏观视角出发，对产能概念和产能过剩现象进行研究。在微观层面，产能过剩是指企业的实际产出低于生产能力（潜在产出或最大产出）的现象，可以作为评判企业资源利用程度的解释变量，在企业进行产能投资决策时可以作为企业优化决策的参考变量之一。在中观层面，产能过剩是指特定产业或区域的实际产出低于该产业或区域生产能力的现象，是判断产业或区域发展态势和经济效益的一个重要指标，为政府统筹规划产业体系、产业结构、产业链、区域布局等提供重要参考依据。在宏观层面，产能过剩是指一个国家的经济供给能力大于需求的市场经济现象，常被用来衡量宏观经济周期性波动状态，属于经济周期性波动中的正常现象，只有达到一定程度才显现出对经济运行的危害。

产能过剩的概念及内涵在理论研究和管理实践中存在较大的差别。在理论研究中，产能过剩被定义为一种实际产出小于产能的状态，对应于产能利用率小于1的计算结果。在管理实践中，产能过剩则被定义为产能超出实际需求或实际产量一定程度，同时对企业生产经营和国民经济运行产生较大负面影响的情形。国外学者对产能过剩的定义往往以产能利用率为基础，侧重理论研究视角的定义，如Kirkley等（2002）认为产能过剩的现象对应于小于1的产能利用率。由于产能利用率通常被定义为实际产出量与产能的比值，国外学者对产能过剩的理解实际上是实际产出小于产能的状态。国内学者对产能过剩概念的理解明显偏向于管理实践视角，且强调只有在产能超过实际需求或实际产出达到一定程度时才能被界定为产能过剩。这源于国内学者普遍认为产能略大于实际需求或实际产出时，企业间的良性竞争会对宏观经济的运行产生促进作用，因此当产能轻微地超过实际产出时，不能被界定为产能过剩。然而，当产能超过实际需求或实际产出达到一定程度时，企业固定资产的大规模闲置和库存的大量累积会造成企业停产、工人失业等问题，进而破坏宏观经济的正常运行。实际上，在国内外关于产能过剩问题的研究和讨论中，普通涉及理论研究和管理实践两个不同视角的差异。例如，付东（2017）从管理实践视角出发，根据美国经济运行情况总结出“产能利用率在79%～82%为正常区间”的经验规律。由于基于理论研究视角的产能过剩研究方法明确、数据可得性高，有利于对我国制造业产能过剩现象的量化分析，本书将从理论研究视角构建产能利用率的测度体系，为中国制造业产能过剩问题的分析和解决提供合理的分析方法。

在国内外学术研究和各国统计体系中，对产能过剩程度的判断缺乏直接、明确的评判标准，通常借助更为客观的产能利用率的衡量和测度来实现。现实中，产能利用率主要定义为实际产出和生产能力的比值。因此，明确生产能力（产能）概念是客观认识产能过剩和产能利用率的前提与基础。国内外学者从不同视角出发，对产能的概念进行定义，主要包括经济产能、工程产能、技术产能、物理产能和经验产能。

（1）经济产能：根据经济学中生产函数和市场结构理论确定的产能

经济产能是从生产活动中的价格信息出发，利用生产理论中的生产函数、成本函数和利润函数在不同市场竞争结构下确定的最优产出水平。Klein（1960）最早将产能定义为厂商在均衡状态下的产出水平。在此之后，学者依据对均衡状态的不同认识和判定标准开展了众多经济产能的研究，主流的判定标准主要包括：①短期平均成本曲线最低点（Nelson，1989；Morrison，1985a；Berndt and Morrison，1981）；②长期平均成本曲线最低点（Morrison，1985b；Hickman，1964；Cassels，1937；Paine，1936；Harrod，1934）；③短期平均成本曲线与长期平均成本曲线相切点（Kim，1999；Segerson and Squires，1990；Morrison，1985b）；④利润函数最高点（Kim，1999；Segerson and Squires，1990）。为了更加形象地解释各类经济产能的内涵，表 2. 1 给出了每类经济产能的具体含义和典型代表。由于经济产能以扎实的经济学理论为基础，众多实证研究证实了这类方法的实用性和可靠性。

表 2. 1　经济产能判定标准

产能判定标准	示意图	代表性文献
短期平均成本曲线（SAC）最低点	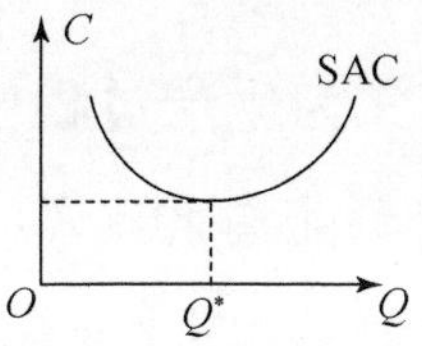	Nelson（1989）；Morrison（1985a）；Berndt 和 Morrison（1981）
长期平均成本曲线（LAC）最低点	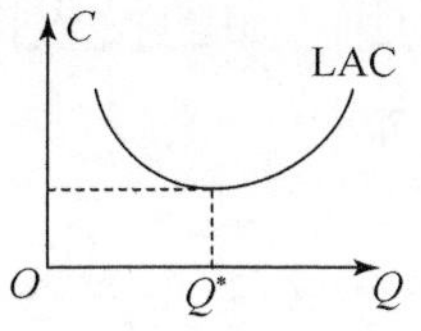	Morrison（1985b）；Hickman（1964）；Cassels（1937）；Paine（1936）；Harrod（1934）
短期平均成本曲线与长期平均成本曲线相切点	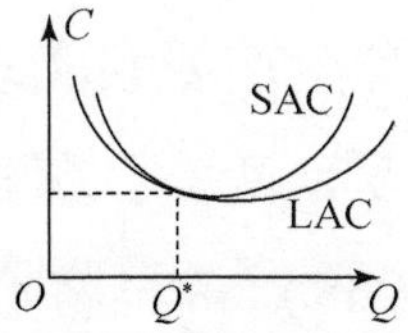	Kim（1999）；Segerson 和 Squires（1990）；Morrison（1985b）
利润函数最高点（边际收益等于边际成本，MR = MC）	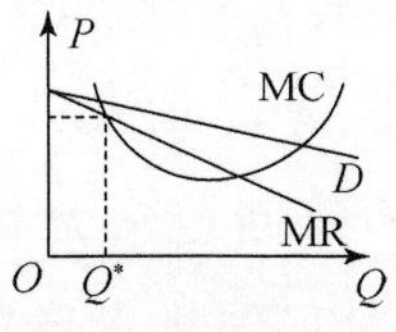	Kim（1999）；Segerson 和 Squires（1990）

(2) 工程产能：根据生产设备的工程设计标准确定的产能

工程产能是企业现有设备在理论上的产出能力，以轮班制、设备持续正常运转作为前提条件，是理想情况下的最大产出能力，如发电机的额定功率等（Smithies，1957）。这种产能的概念往往不考虑设备的保养和维修导致的停机时间，以及由市场需求和生产资源的波动带来的闲置时间。Shaikh 和 Moudud（2004）提出，区分经济产能和工程产能十分重要，认为工程产能是特定时期内持续性生产的最大产出水平。Morrison（1985a）从工程学角度出发，认为产能是厂商拥有的生产设备的最优产出水平。值得说明的是，现实中不同产业的机器设备具有不同的启动代价，因此不同产业持续性生产方式和工人轮岗模式有所不同，如钢铁、化工等重工业的设备启动代价较高，多采用满负荷设备生产模式和轮班倒的工人轮岗模式。

(3) 技术产能：基于经济学中生产技术概念的产能

西方经济学中，生产技术被定义为生产过程中生产要素与最终产出之间的关系。在经济学理论中，常使用由资本存量（K）、劳动力（L）及其他生产要素（R）构造的生产函数表示产出（Y），即 $Y=f(K, L, R)$。因此，技术产能依赖于生产技术的最大化，反映利用已知的投入向量和技术，在其他无法控制的因素作用下，能够产生的产出水平。

(4) 物理产能：基于充分利用的固定生产要素（资本存量）确定的产能

厂商的生产活动是通过投入多种生产要素实现产品产出的过程，生产要素可以分为固定生产要素和可变生产要素两类，蕴藏在固定生产要素中的产出潜能被定义为物理产能。Johansen（1968）最早将产能定义为“可变投入不受限制时厂商可以达到的最大生产能力”，这种对于产能的定义实际上就是产能的物理定义。物理产能的观测往往依赖于企业生产的前沿面，随机前沿分析（stochastic frontier analysis，SFA）和数据包络分析（DEA）方法基于观察到的投入、产出数据构建生产前沿面，为实现物理产能的测度提供了可能。众多关于物理产能的研究中存在两类主要的物理产能形式：单一产出的物理产能和多产出的物理产能。单一产出的物理产能是指定厂商利用现有厂房和设备能够生产某特定产品的能力（Gold，1955），而多产出的物理产能是利用价格信息作为多种产出的权重加权求和得到的厂商产能（Gold，1976）。

（5）经验产能：基于企业调查和企业管理经验的产能

美国、日本等国家是较早开启工业化进程的国家，也是较早出现产能过剩问题的国家，在长期的工业发展历程中，这些国家形成了规范、系统的企业产能调查和监测体系，通过这种企业产能调查所得的产能属于经验产能。例如，美国人口调查局自 1973 年开始开展产能利用率调查，通过对数千家企业进行年度抽样调查，获取包括制造业企业的实际产值和最大产能等数据，美国联邦储备委员会根据美国人口调查局公布的季度调查报告推测美国月度产能利用率，并连同工业总产值共同构成《G17 美国工业总产值和产能利用率报告》。这种通过向企业经理进行调查获取的产能数据包含企业经理对产能的独到理解，以企业经理多年累积的企业管理经验为基础通过研判而得，属于经验产能。

2.2　产能过剩的成因与影响因素

2.2.1　产能过剩的成因

国内外学界对产能过剩成因的研究由来已久，前人对产能过剩成因的研究主要包括三个视角：市场因素、企业行为和政府干预。具体的产能过剩成因谱系图如图 2.1 所示。

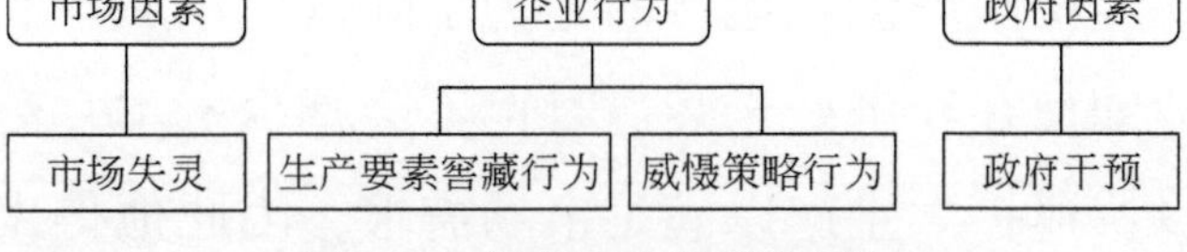

图 2.1　产能过剩成因谱系图

第一类成因主要归结为市场失灵，即当投资者的市场信息不完全时，容易出现跟风投资等生产决策行为，导致市场上存在过多的厂商，从而形成产能过剩问题。主流的经济学理论一直将完全理性假设作为一个重要前提假设，但是这种假设是不符合实际的，经济主体受到各种因素的影响会产生认知偏差，无法做出完全正确的决策（王国忠和刘骏民，2004）。作为微观市场的主体，企业同样会存在认知偏差现象，其受扩大投资欲望或减少投资冲动的影响，可能会形成生产要素投资决策的偏差，进而造成产能过剩，影响经济的正常运行。林毅夫等（2010）通过对发展中国家中存在的投资“涌潮”现象的研究发现，当企业对某一行业下一阶段的发展前景达成共识时，即使在未掌握完整的行业背景信息的情况下，也可能会做出盲目进入市场的决策，这种情况属于由信息不完全或不对称导致的产能过剩。

第二类是由企业行为导致的产能过剩，即在面对周期性波动和不确定的经济环境时，企业为保留成本优势和竞争优势而采取某些主动措施，导致产能过剩的产生。其中，企业主动采取的策略行为包括生产要素窖藏行为和威慑策略行为。

经济学中的生产要素窖藏行为是指由于市场需求的不确定性，厂商在面对市场需求下降时会储存一部分生产要素而非急于处置闲置生产要素的行为。生产要素窖藏行为属于一种理性的生产决策行为，企业在经济低迷时为设备闲置付出的储藏成本小于规模调整所需的成本，因此会预留过量的生产要素，当市场需求反弹时，企业可以快速恢复甚至扩大生产以抢占市场，避免由生产要素缺失带来的损失（赵倩男，2014）。此外，企业在进行跨期决策时通常会考虑从生产要素投入到生产能力形成的滞后期，当企业预期未来的市场需求较大时，为保持生产活动的连续性，企业会对生产要素进行提前投资。然而，这种要素的配置策略不与经济周期的波动规律保持一致，当生产要素囤积到一定程度时会引发产能过剩。生产要素窖藏理论最早由 Fair（1969）提出，他认为企业通常会假定宏观经济是周期性运行的，为了降低调整成本和保持生产活动的快速响应力，企业即使在经济处于衰退时也不会减少资本、劳动力的投入，在经济恢复时便可以快速扩大生产以满足市场需求，因此他得出经济长期处于产能过剩的结论。Abel（1983）指出，企业的生产要素窖藏行为不仅存在于劳动力中，同样存在于所有生产要素中，其研究结果显示，企业为了节约要素调整成本和最大限度地降低生产成本会采取生产要素窖藏行为。Hart 和 Malley (1996) 在对德国、美国、日本和英国的实证研究中发现，企业雇用员工通常不会依据经济周期波动和规章制度而定，而是依据实际的生产情况确定，同时会保有少量的过剩劳动力。

企业的威慑策略行为是指已经进入某一行业的企业为了对潜在竞争者设置战略性进入壁垒，故意使自身产能过剩的行为。从经济学中博弈论的角度出发，产能过剩也属于企业之间的一种博弈，行业中存在的寡头会对潜在竞争者通过威胁、恐吓等行为设置战略性进入壁垒，以稳固其既得利益与行业地位（吴利学和刘诚，2019）。具体地，当潜在竞争者有进入该行业的苗头时，企业会扩大投资、提高供应能力从而压低商品价格，在市场中释放产能过剩和利润率低的信号。Bain（1976）对美国不同行业进行研究，发现大企业为攫取高额利润，会通过制造产能过剩现象设置战略性进入壁垒。Spence（1977）指出，在存在产能过剩的行业中，潜在竞争者会因为利润过低而选择放弃进入，而当潜在竞争者消失时，行业中的企业会出现生产成本大于正常成本的情况，进而导致产出降低、价格提升、产能过剩加剧。Lieberman（1987）根据对美国化学产品行业的实证研究，发现产能过剩问题严重的行业普遍存在进入率较低的现象。

第三类产能过剩的原因是政府干预，往往存在于发展中国家，政府主要采取产业政策、贸易政策和价格政策等手段干预企业的生产经营活动，影响行业的自由发展，进而导致产能过剩的形成。Brahm（1995）提出产能过剩和过度竞争现象在高新技术产业频发，而这类产业属于政府高度关注、引导性政策密集的战略性产业，具有规模经济效应和技术密集型特征，结果显示政府的积极干预更容易诱发集体性过度投资，从而引发产能过剩。Steel（1972）从贸易政策入手，对采取进口替代策略的加纳的产能过剩形成机理进行研究，发现严格的关税和外汇管制等措施促进了加纳的国际贸易平衡和国内产业体系发展，然而制造业产能的快速扩张与较小规模的国内市场需求加剧了产能过剩的形成。McFarlane（1973）对社会主义经济体制下产能过剩的形成进行研究，发现产能过剩是价格刚性和投资下降的结果，并提出可以通过对企业固定资产或过剩产能征税等手段化解产能过剩。

2.2.2 产能过剩的影响因素

产能过剩作为经济学中一种非均衡和非经济状态，与宏观经济社会中的许多经济现象和指标都存在间接的相关关系。这些经济现象主要通过几个主要的因素间接性地影响产业或企业的投资和生产活动，进而影响产能利用情况。根据对已有文献的梳理，对产能过剩具有影响的因素主要包括经济周期性波动、投资规模、通货膨胀、市场结构、政府财政政策等。

1）经济周期性波动对产能过剩的影响。宏观经济环境的变化与行业产能过剩的关系密切，在经济繁荣时期企业对未来抱有积极的预期，倾向于扩大投资和生产来提升盈利能力，因此会为产能过剩埋下伏笔；相反地，在经济衰退时期，企业易于出现悲观预期，从而会采取减少投资和生产甚至停产的决策行为，以保证企业的现金流、提升风险规避能力，这种情况下产业的产能利用率相对较高（韩保江和韩心灵，2017）。Greenwood 等（1988）根据对美国、日本、英国和德国四个国家的实证研究发现，产能利用率的变化对理解经济周期性波动具有重要意义，市场中的投资可以通过对产能利用率的影响间接影响生产率和就业。Fair（1985）在对美国制造业生产要素窖藏水平进行估算的同时，对生产要素窖藏行为的特征及其与宏观经济周期之间的关系进行了分析。

2）投资规模对产能过剩的影响。得益于改革开放政策的实施和经济的高速发展，我国固定资产投资规模呈现高速增长的态势，较高的投资强度可以促进经济增长，但当投资规模过大并超过国家的承载能力时，就会造成资源、效益的损失，一旦消费需求出现下降趋势，势必会埋下产能过剩的伏笔。Griliches（1967）基于新古典投资理论，运用调整成本模型验证了产能利用率与投资之间的正向影响关系，说明产能利用率的提高可以刺激投资规模。由 Abel（1983，1981）在动态优化框架下对厂商投资行为的分析可知，稳态下投资与产能利用率呈负相关关系，然而在需求冲击的影响下，两者会呈正相关关系。类似地，Greenwood 等（1988）根据对存在需求冲击时的经济周期性波动情形的研究，得出产能利用水平的波动会引发投资变化的论断。沈蕾等（2018）对我国装备制造业的产能利用情况开展研究，结果表明固定资产投资与产能利用率具有显著负相关关系。另外，一些学者通过对投资与产能利用率进行研究，并未得到显著的相关关系，如 Masson 和 Shaanan（1986）、Lieberman（1987）。

3）通货膨胀对产能过剩的影响。通货膨胀水平或物价水平对行业产能利用率具有间接的影响，当物价水平上涨时，居民消费欲望和工业产品需求都会下降，消费和需求量的下降会反向传导至生产企业，促使企业缩减产量，从而导致产能过剩的出现。Corrado 和 Mattey（1997）研究发现，尽管消费物价指数与产能利用率的相关程度很低，但剔除食品和能源后的核心通货膨胀率与产能利用率之间存在很强的相关关系。熊思觅（2011）以我国制造业 26 个子行业为研究对象，建立面板数据回归模型和向量自回归模型，对我国制造业产能利用率与通货膨胀水平的相关性开展研究，发现两者之间存在正相关关系。

4）市场结构对产能过剩的影响。市场的竞争格局和垄断程度对产能过剩具有显著的影响，在完全垄断或垄断竞争的市场结构中，大企业通常会联合起来操纵价格，然而为了保证在其他企业单方面毁坏协议行为出现的情况下企业自身的产量不处于劣势，企业通常会保留部分过剩产能（韩国高，2018）。垄断竞争市场中的企业为了阻止潜在竞争者的进入，通常也会保留部分过剩产能。在完全竞争的市场结构中，企业对市场价格的影响力不足，为了尽可能地压低成本，企业通常不会保留过剩的产能，因此产能过剩现象出现的可能性小。Orr（1974）研究发现，不同行业的产能过剩与市场结构之间没有统一的线性相关关系，然而在部门垄断性行业或竞争性行业中，产能过剩与市场结构间呈现显著的连续性线性相关关系。由董敏杰等（2015）对我国省际工业行业产能利用率的计算和分析可知，与产能利用率呈显著正相关的因素包括经济增速和市场化程度。曾繁梅（2007）利用格兰杰因果检验对我国工业各行业的产能利用率与行业市场结构（四企业集中率，CR4）的关系进行研究，发现在我国工业中许多行业的产能利用率与行业市场结构存在因果关系。

5）政府财政政策对产能过剩的影响。中国政府在经济快速发展过程中始终扮演着至关重要的角色，地方政府同样拥有极强的能力干预产业的发展。从地方政府的财政管理体制与官员的人事管理制度角度来看，地方政府和官员具有明确的干预经济的动机和热情（王文甫等，2014）。为促进招商引资、带动重点行业的建设和发展，地方政府会通过出台积极的财政补贴政策、降低土地使用成本等手段引导产业的发展，从而使得产能快速扩张。马红旗等（2018）

根据对我国钢铁企业的研究发现，我国钢铁企业的产能利用率除了受到市场需求的影响外，还受到政府补贴等因素的影响。郭长林（2016）利用动态随机一般均衡框架，从纵向产业结构的视角研究我国财政政策扩张对产能利用率的影响，研究发现财政政策与信贷因素是我国产能过剩问题的重要原因。董敏杰等（2015）的研究显示，地方政府投资力度与我国工业行业产能利用率呈负相关关系。何欢浪等（2018）对中央向地方转移的财政资源与地方产能利用率的关系进行研究，发现地方政府获得的转移支付与产能利用率呈现显著负相关关系，这是由于地方政府对本地经济具有直接干预能力，若地方政府持续采取积极的财政政策，将有可能出现生产要素的囤积现象，导致产能过剩。

2.3 产能利用率测度方法

国内外理论研究和管理实践中都没有明确的产能过剩的直接统计和测度方法，往往采用产能利用率的测度结果来反映产能过剩的程度。主流的产能利用率测度方法可以分为两类，即直接测度法和间接测度法。直接测度法是通过直接的实地调查，从企业获取产能利用率数据的方法，代表性方法为统计调查法（statistical survey）。间接测度法是通过一定的方法首先测度出产能水平，再根据实际产出水平与产能水平的比值得到产能利用率的方法。间接测度法包括参数方法和非参数方法两类，具体来讲，典型的参数方法包括峰值（peak to peak）法、函数法（function method）、协整分析（cointegration analysis）法和随机前沿分析法，典型的非参数方法包括 DEA 方法。主流产能利用率测度方法的谱系图如图 2.2 所示。

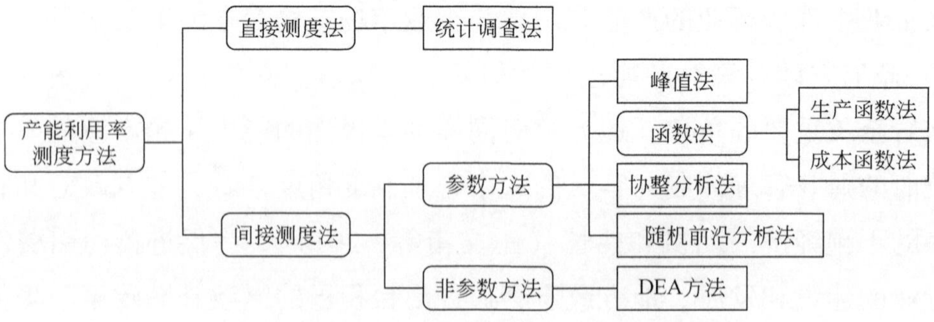

图 2.2　主流产能利用率测度方法的谱系图

2.3.1　统计调查法

统计调查法是一种基于定期性实地调查的方法，通过将调查得到的企业实际产出与企业全部资源对应的最大产出能力进行比较，得到产能利用率。通过统计调查法得到的产能利用率能够反映企业生产设备对应的产能利用程度，等同于设备利用率，对应于工程产能。

采用统计调查法进行产能利用率测度的代表性机构有：美联储、美国经济分析局、美国人口调查局、中国人民银行等。中国国家统计局从 2006 年开始通过工业企业联网直报系统对工业企业的产能利用率数据进行季度性调查。世界银行的微观数据库是另一个对中国企业的产能利用率指标进行调查的权威数据库。学术界很多学者也采用统计调查法对企业的产能利用率进行研究，如干春晖等（2015）、罗美娟等（2016）、Tian（2016）等。该方法适用于企业层面的产能利用率调查。该方法的实施需要耗费大量的人力、物力和财力，且过多地依赖于调查对象的行为偏好与指标解释，主观性较强，因此较少在学术研究中使用。该方法的经济理论基础比较薄弱，且存在调查的信度与效度的问题。此外，企业为了向潜在竞争者设置战略性进入壁垒或为了向政府争取尽可能大的政策支持，可能夸大产能水平，因此该方法的可靠性低。

2.3.2　峰值法

峰值法假定产量达到峰值时生产设备的产出能力将实现充分利用，未达到峰值的单元的产能利用率根据实际产出与达到峰值时的单元的产能利用率进行比较得到。相邻峰值之间的差异被认为是由技术变化造成的，峰值之间的产能采用线性变化函数进行估计，相应的产能利用率则为实际产出与产能之间的比值。

假设 t 时期某企业的产出水平为 Y_t，投入水平为 V_t，峰值法下的产出函数可以表示为

$$Y_t = \lambda_0 A_t V_t \tag{2.1}$$

式中，λ_0 表示比例常数；A_t 表示当期的技术水平。因此在规模收益不变的情况下，投入水平的变化和技术水平的变化是引起产出变化的两大原因。

技术水平由相邻两峰值之间的生产力平均变化率决定，可以表示为

$$A_t = A_{t-m} + \left[\frac{\dfrac{Y_{t+n}}{V_{t+n}} - \dfrac{Y_{t-m}}{V_{t-m}}}{\dfrac{m+n}{m}}\right] \tag{2.2}$$

式中，m 表示距离上一峰值的时长；n 表示距离下一峰值的时长；A_{t-m} 表示上一峰值对应的技术水平；Y_{t-m} 表示上一峰值对应的产出水平；V_{t-m} 表示上一峰值对应的投入水平；Y_{t+n} 表示下一峰值对应的产出水平；V_{t+n} 表示下一峰值对应的投入水平。由此可以确定每个时期对应的产能水平，进而通过实际产出与产能的比值求得产能利用率。

宾夕法尼亚大学沃顿商学院开发的沃顿指数法是峰值法应用的典型案例，此外，学术界众多学者也采用此方法对企业或地区的产能利用率进行研究（Phillips，1963）。该方法适用于单投入、单产出的场景。该方法将技术变化作为影响产能水平的唯一因素，诸如规模效应之类的影响因素无法纳入模型，因此与实际相差较大。此外，峰值法受数据波动影响大，且无法避免现实中存在的“弱高峰”问题，即达到峰值时的实际产量也可能未充分利用产能，因此会出现高估产能利用率的现象（Klein，1960）。

2.3.3 函数法

函数法是一类主流的参数评价方法，利用最小二乘（ordinary least square，OLS）法对选定的函数进行参数估计，再利用样本的观测值与估计值通过产能利用率的公式进行求解，其采用的是经济意义下的产能定义。根据采用的函数类型的不同，函数法主要包括生产函数法（production function method）和成本函数法（cost function method）。

（1）生产函数法

产能利用率测度方法以生产函数理论为基础，通过指定生产函数的具体形式确定资本、劳动力和技术等生产要素之间的结构关系，构造边界生产函数并利用最小二乘法来估计产能水平。

生产函数是描述在一定技术条件下投入的生产要素与最大产出水平之间关

系的函数，其一般形式为

$$Y=f(A,\ K,\ L,\ \cdots) \tag{2.3}$$

式中，Y 表示产出水平；A 表示技术水平；K 表示投入的资本存量；L 表示投入的劳动力；f 表示各种要素组合方式的函数。尽管生产函数从定义上是各种投入要素与最大产量之间的关系，但在实证研究中最大产量的观测数据是很难获取的，所以在实证研究中采用生产函数估计出的产量实际上是观测数据的平均值，不能作为产能利用率测度中的产能值。

常用的生产函数形式包括柯布-道格拉斯生产函数、里昂悌夫生产函数、超越对数生产函数等。以经典的柯布-道格拉斯生产函数为例，具体形式如下：

$$Y_t=AK_t^{\alpha}L_t^{\beta}e^{-\mu},\ \mu\geqslant 0,\ t=1,\ 2,\ \cdots,\ T \tag{2.4}$$

式中，Y_t 表示产出水平；A 表示技术水平；K_t 表示投入的资本；L_t 表示投入的劳动力；μ 表示随机干扰的影响；变量 α 和 β 分别表示资本和劳动力两种生产要素对应的产出弹性，两者之间满足 $\alpha+\beta=1(\alpha\geqslant 0,\ \beta\geqslant 0)$ 的关系。

以生产规模报酬不变假设为前提，我们对式（2.4）两侧分别取对数，可得

$$\ln Y_t=\ln A+\alpha\ln K_t+\beta\ln L_t-\mu \tag{2.5}$$

其对应的边界生产函数可以表示为

$$\ln Y_t^*=\ln A+\alpha\ln K_t+\beta\ln L_t \tag{2.6}$$

式中，Y_t^* 代表最大产出能力，即产能。

令 $u=E(\mu)$，$a=\ln A$，则对式（2.5）进行转化并利用最小二乘法进行参数估计，可以得到生产函数的估计式为

$$\ln\hat{Y}_t=(a-u)+\hat{\alpha}\ln K_t+\hat{\beta}\ln L_t \tag{2.7}$$

同理，边界生产函数（产能）的估计式为

$$\hat{Y}_t^*=e^aK^{\hat{\alpha}}L^{\hat{\beta}} \tag{2.8}$$

在估计出产能的基础上，可以根据实际产出水平与产能的比值求出产能利用率水平。

Klein 和 Preston（1967）最早提出生产函数法，并表示可以采用生产函数法来估算潜在产出。在国际管理实践中，该方法被多家国际机构用来估算产能利用率，包括国际货币基金组织等。在学术研究中，王辉等（2015）和余东

华等（2015）也采用此方法对战略性新兴产业开展产能利用率测度研究。生产函数法适用于中观层面的产业评估或微观层面的企业评估。由于该方法只需获取投入、产出要素的数量信息，无须各要素的价格信息，稳健性较高；然而，该方法使用的前提是预设生产函数的具体形式，资本、劳动力等投入要素的数量与质量难以统一量化，因此方法的推广受到一定限制。

(2) 成本函数法

成本函数法是以成本最小化为核心思想的主流产能利用率测度方法之一，综合考虑了不同生产要素对产出水平的影响，具有较强的经济理论基础（Berndt and Morrison，1981；Klein and Preston，1967）。该方法通过估计企业成本最小化时的产值得到产能产出，进而将实际产出与之相比得到产能利用率。

成本函数是一定技术水平和要素价格下企业成本与产出之间的相互关系。假设某企业的生产函数为

$$Y = f(K, L, T) \tag{2.9}$$

式中，Y 表示产出；K 表示准固定投入资本存量；L 表示可变投入；T 表示技术水平，则在特定产出水平下，企业可变成本函数为

$$\mathrm{VC} = C(P_L, Y, K, T) \tag{2.10}$$

式中，P_L 表示可变投入劳动力的价格。企业的固定成本函数可表示为

$$\mathrm{TFC} = P_K \times K \tag{2.11}$$

式中，P_K 表示固定投入资本的价格。因此，企业的短期总成本函数可表示为

$$\mathrm{SRTC} = \mathrm{VC} + P_K \times K \tag{2.12}$$

企业的短期平均成本函数可表示为

$$\mathrm{SRATC} = \frac{\mathrm{VC}}{Y} + \frac{P_K \times K}{Y} \tag{2.13}$$

成本函数法采用短期平均成本最低时对应的产出量作为产能产出，则满足 $\frac{\partial \mathrm{SRATC}}{\partial Y_m} = \frac{1}{Y_m}\frac{\partial \mathrm{VC}}{\partial Y_m} - \frac{\mathrm{VC}}{Y_m^2} - \frac{P_K K}{Y_m^2} = 0$ 的条件。因此，在短期可变成本函数的具体形式确定的条件下，就可以进一步求得产能水平，进而得到产能利用率。通常，短期可变成本函数采用超越对数形式。

成本函数法最早起源于 Cassels（1937）提出的经济产能概念，此后，Berndt 和 Morrison（1981）、Morrison（1985a）、韩国高等（2011）、刘航等（2014）、刘航和孙早（2014）采用此方法进行了实证研究和模型改进。该方法适用于采用大批量生产方式进行标准化生产的大规模企业。然而，该方法的缺点在于需要使用预设成本函数的具体形式，且投入要素的数量和价格等信息获得性低（Berndt and Morrison，1981；Klein，1960）。

2.3.4　协整分析法

基于“产能与固定资本存量之间存在的长期稳定关系”的假定，Shaikh 和 Moudud（2004）提出用协整分析方法测度产能利用率的思想。固定资本存量在短期意义上可以看作固定的投入要素，可以决定企业短期内的产能，短期内固定资本存量与产出水平存在的协整关系可以理解为一种长期趋势，实际产出水平围绕长期趋势（即产能）上下波动。经济学理论中对产能的定义同样与资本存量有关，认为产能是厂商既有资本存量能实现的长期最优产出水平，可以看作利用协整分析法测度产能利用率的经济理论基础。利用协整分析法求产能利用率的模型推导过程如下：

假定对于任意企业 i，第 t 年的实际产出 Y_{it}、产能 Y_{it}^* 和固定资本存量 K_{it} 之间满足以下关系：

$$Y_{it} = \frac{Y_{it}}{Y_{it}^*} \times \frac{Y_{it}^*}{K_{it}} \times K_{it} \tag{2.14}$$

式中，Y_{it}/Y_{it}^* 代表产能利用率（u_{it}），即实际产出和产能的比值；K_{it}/Y_{it}^* 代表资本产能比（v_{it}），则式（2.14）可以改写为

$$Y_{it} = \frac{u_{it}}{v_{it}} \times K_{it} \tag{2.15}$$

对式（2.15）两侧分别取对数，可得式（2.16）：

$$\ln Y_{it} = \ln K_{it} + \ln u_{it} - \ln v_{it} \tag{2.16}$$

由于实际产出是围绕产能上下波动的变量，即产能利用率 u_{it} 在平均产能利用率 1 周围波动，在计量模型中，可以将 $\ln u_{it}$ 定义为随机误差项 e_{it}。根据技术进步的不同原动力，Shaikh 和 Moudud（2004）将企业的技术进步划分为

自主技术进步和资本引导型技术进步，用 α_i 表示第 i 家企业的自主技术进步率，β_i 表示第 i 家企业的资本引导型技术进步率，则企业 i 的资本产能比的增长率 g_i^v 可以表示为 $g_i^v = \alpha_i + \beta_i \times g_i^K$，其中 g_i^K 表示企业 i 的固定资产的增长率。另外，定义随机扰动项 ev_{it}，则可以求解如下微分方程：

$$\ln v_{it} = \gamma_i + \alpha_i \times t + \beta_i \times \ln K_{it} + ev_{it} \tag{2.17}$$

整理式（2.17），可得

$$\ln Y_{it} = a_i + b_i \times t + c_i \times \ln K_{it} + e_{it} \tag{2.18}$$

其中，$a_i = -\gamma_i$，$b_i = -\alpha_i$，$c_i = 1 - \beta_i$，随机误差项 $e_{it} = eu_{it} - ev_{it}$。若式（2.18）中的 $\ln Y_{it}$ 与 $\ln K_{it}$ 存在协整关系，则可以体现出产能与固定资本存量之间存在的长期稳定关系，该方程中产出的拟合值即为产能。在此基础上，可以用实际产出与产能的比值求得产能利用率。值得一提的是，协整分析法得到的产能是企业长期正常运行条件下的平均产出水平，而非企业设备满载运行时的最大产出，因此该方法求得的产能利用率往往高于官方公布的产能利用率。

该方法最早由 Shaikh 和 Moudud（2004）在 Hickman（1964）发现的产能与资本存量之间的长期稳定关系基础上提出，并对经济合作与发展组织（Organization for Economic Cooperation and Development，OECD）国家的产能利用率进行测度。程俊杰（2015）采用该方法对我国 30 个省（自治区、直辖市）的产能利用率进行测度。该方法适用于中观层面的产业或区域和微观层面的企业产能利用率的估算。由于无须设定函数形式，该方法更为客观，然而该方法的缺点在于缺乏投入和产出之间的系统性微观经济理论基础。

2.3.5 随机前沿分析法

随机前沿分析法是一种参数检验方法，建立在生产函数的理论基础上，旨在处理统计噪声对测度结果的影响，采用技术意义上的产能定义。该方法是在效率评价领域广泛应用的方法，应用随机前沿分析法测度产能利用率需要在效率测度的基础上进行一定的改造。随机生产前沿面是生产可能集中由一组最外侧的点形成的超曲面，代表在当前要素组合下最大化的产出水平，生产前沿面以内的点被认为是无效率的，其相对效率通过与投影在生产前沿面上点的值做商得到。

随机前沿分析法的使用需要以合适的生产函数为前提，并且需要将投入的生产要素划分为固定投入和可变投入。按照 Kumbhakar 和 Lovell（2003）的研究，随机前沿生产函数的基本模型表示为

$$y_{it}=f(x_{it},\ t)\exp(v_{it}-u_{it}) \tag{2.19}$$

式中，x_{it} 和 y_{it} 表示企业 i 在第 t 期的实际投入和产出；u_{it} 表示技术无效率的单边扰动项，因此技术效率 $\mathrm{TE}_{it}=\exp(-u_{it})$ 体现实际产出与有效产出之间的偏差；v_{it} 表示随机扰动项。对式（2.19）两侧分别取对数，可得

$$\ln y_{it}=\ln f(x_{it},\ t)+v_{it}-u_{it} \tag{2.20}$$

其中，随机扰动项 v_{it} 服从正态分布，技术无效项 u_{it} 服从半正态分布，v_{it} 和 u_{it} 满足独立同分布假设。

这里我们以柯布–道格拉斯生产函数为例，具体形式如下：

$$y_i=\beta_0F_i^{\beta_1}L_i^{\beta_2}V_i^{\beta_3} \tag{2.21}$$

式中，F_i 表示企业的固定投入；L_i 表示企业的劳动力投入；V_i 表示企业的可变投入；变量 β_0、β_1、β_2 和 β_3 分别表示各生产要素对应的产出弹性。对式（2.21）两侧分别取对数，并加上式（2.20）中的随机扰动项和技术无效项，可得

$$\ln y_i=\ln\beta_0+\beta_1\ln F_i+\beta_2\ln L_i+\beta_3\ln V_i+\ln(v_i-u_i) \tag{2.22}$$

对模型进行估计求解，则可以得到技术效率，从而得到有效产出，在测度产能利用率时，只需改造模型在可变投入不受限制时求得最优产出，即产能，通过实际产出与产能的比值得到产能利用率。

该方法适用于中观层面的产业或区域和微观层面的企业产能利用率的测度。运用该方法进行产能利用率测度的代表性研究有 Felthoven 等（2009）和程俊杰（2014）。由于该方法对随机因素的纳入，可以处理统计噪声对测度结果的影响，然而该方法的使用需要预设具体的函数形式，且模型所需的限制条件也较多（Färe et al.，1989a）。

2.3.6　DEA 方法

DEA 方法是运用线性规划技术进行效率测度的一种非参数评价方法，采用物理意义上的产能定义，该方法与随机前沿分析法的相似之处在于都是基于生产前沿面进行估计的方法。该方法不需要人为设定生产函数的具体形式，因

此不需要对参数估计的有效性和一致性进行检验。基于 DEA 方法的产能利用率测度方法在测度效率的基础上，通过对投入要素的划分，识别有效产出和产能产出，从而根据实际产出与产能产出的比值得到产能利用率。

DEA 方法最早由 Charnes 等（1978）提出，随后吸引了大批学者在该领域开展理论研究和实证研究，本书将在此方法的基础上探讨如何解决产能利用率测度过程中面临的现实问题。DEA 方法的理论基础、详细介绍及基于 DEA 方法进行产能利用率测度的模型见本书第 3 章。

自从 Färe 等（1989a）将 DEA 模型拓展到产能利用率测度后，该方法在渔业、医疗等领域的产能利用率测度中得到了广泛的应用（Kerstens et al.，2019a，2019b；Yang et al.，2019；Cesaroni et al.，2019；Cesaroni et al.，2017；Yu et al.，2016；Karagiannis，2015；Ray，2015；Gok and Sezen，2012；Pascoe and Tingley，2006；Reid et al.，2003；Kirkley et al.，2002）。该方法适用于中观层面的产业或区域和微观层面的企业产能利用率的测度。由于其无须预设生产函数的具体形式、数据需求量不大、能够处理多产出指标的特点，在实证研究中的应用非常广泛，然而该方法无法将随机因素对测度结果的影响考虑进来，因此异常值对估算结果影响较大。

在具体的研究问题中，测度方法的选择往往需要取决于数据的可得性、研究对象的层次（如产业、区域或企业）等。DEA 方法属于一种成熟的非参数生产前沿面方法，采用投入和产出数据来估算产能水平，前提假设条件较少且无须预设生产函数的具体形式，同时不需要生产要素的价格信息，因此在实证研究中得到了广泛的应用。综上，本书主要采用 DEA 方法估算中国制造业的产能利用率。

2.4 国内外研究现状评述

国内外学术界对于产能过剩问题的研究主要集中在产能过剩的内涵、成因、产能利用率的测度方法等方面。针对产能过剩内涵的研究主要分为理论研究和管理实践研究两类，在判断产能过剩的标准制定上也具有较大的差别。此外，根据定义的不同产能可以划分为经济产能、工程产能、技术产能、物理产能和经验产能 5 种，不同产能对应于不同的产能利用率测度方法。产能过剩的成因主要包括市场因素、企业行为和政府因素 3 个方面，具体的成因有市场失灵、生产要素窖藏行为、威慑策略行为、政府干预等。主流的产能利用率测度方法包括统计调查法、峰值法、函数法、协整分析法、随机前沿分析法和 DEA 方法等，这些方法各有利弊且适用于不同的场景。基于 DEA 方法的产能利用率测度方法因其无须预设生产函数形式、能够处理多投入多产出研究对象以及对数据的需求量不高等优点，在实证研究中得到了广泛的应用。

尽管已有的研究成果为我国制造业的产能利用率研究提供了很好的借鉴，但是现有产能利用率的测度体系还不够健全，缺乏有效的定量测度，也不能满足我国制造业当前产能利用率测度对特定场景的现实需求。具体表现在，首先，传统产能利用率测度模型没有考虑非期望产出带来的环境问题，在我国制造业强调环境友好型发展的背景下，这样的测度方法是不合理的。其次，基于 DEA 方法的产能利用率测度模型没有很好地解决测度结果跨期不可比的问题，对于模型测度结果的推广会产生极大的限制。再次，我国政府近年来积极地推行供给侧结构性改革和一系列的去产能行动，力求通过经济结构的调整为经济注入新的活力，然而传统产能利用率测度模型没有结合供给侧理论，不能为我国供给侧结构性改革背景下的产能利用率识别提供合理的参考信息。最后，在实证研究方面，国际上产能利用率的实证研究主要集中在渔业、公立医院等领域，对制造业产能利用率进行测度的实证研究较少。

第3章　基于DEA的传统产能利用率测度方法

本章在介绍DEA方法基础理论知识和5种基本模型的基础上，重点介绍基于DEA的传统产能利用率测度方法，共包括3节。其中，3.1节从经济学中的生产理论出发，对DEA方法涉及的关键概念和相关基础理论知识进行介绍。3.2节对DEA方法的公理体系、假设条件和基本模型等进行介绍。3.3节在前两节的基础上介绍基于DEA方法的传统产能利用率测度模型以及该方法的主要应用场景。

3.1　理论基础

DEA方法是一种非参数评价方法，1978年由Charnes、Copper和Rhodes三位学者以相对效率评价的概念为基础提出（Charnes et al.，1978）。DEA方法自提出之后受到了广泛研究和应用，相关的理论研究和应用研究不断深入（Emrouznejad and Yang，2018；潘教峰等，2019）。在经济社会结构愈加复杂以及管理与决策理论方法蓬勃发展的背景下，公共政策问题科学化与民主化的浪潮带动了智库问题的兴起（薛澜，2014）。智库问题的研究过程在智库DIIS理论方法体系中被概括为收集数据（data）、揭示信息（information）、综合研判（intelligence）和形成方案（solution）四个主要环节。作为重要的评价方法，DEA方法是DIIS理论方法中揭示信息环节的主流方法，为众多智库研究问题和公共政策分析提供了参考（潘教峰等，2019）。从学科的角度，DEA方法属于运筹学、经济学和统计学的交叉学科，因此该方法涉及一些经济学中与生产理论相关的概念和测度方法，本节将对这些关键概念、测度方法进行介绍。

3.1.1　基本概念

(1) 决策单元

DEA方法评价的对象通常被称为决策单元（decision-making units，DMU)，决策单元是一个可以将投入（input）转化为产出（output）的实体。其中，投入也被称为输入，产出也被称为输出。例如，对于一家工厂而言，固定资产、劳动力等可以被看作投入指标，而工厂产出的产品则可以被看作产出指标。在实际问题中，DMU的投入、产出指标并不是绝对的，如在网络DEA模型中，一个阶段的产出指标可以作为另一阶段的投入指标。在现实中，DMU可以是企业、区域、学校等。

需要说明的是，使用传统DEA方法对决策单元进行评价的前提是决策单元是同质的，即决策单元具有同质性。具有同质性的一组决策单元需要满足3个条件：①具有相同的目标和任务；②具有相同的生产环境；③具有相同的投入和产出指标。

(2) 生产可能集

假定被评对象为n个决策单元，第j个决策单元记为$DMU_j(j=1, 2, \cdots, n)$，可以将m种投入转化为s种产出，则其投入可以表示为$X_j = \{x_{1j}, x_{2j}, \cdots, x_{mj}\}^T$，输出可以表示为$Y_j = \{y_{1j}, y_{2j}, \cdots, y_{sj}\}^T$，其中$x_{ij}(i = 1, 2, \cdots, m; j=1, 2, \cdots, n)$表示第$j$个DMU的第$i$项投入量，$y_{rj}$表示第$j$个DMU的第$r$项投入量。

定义3.1　生产可能集（production possibility set，PPS）可以定义为$T = \{(X, Y) \mid X \text{能产出} Y\}$，表示所有可能的生产活动构成的集合。

关于生产可能集的特征描述，Banker等（1984)、盛昭瀚等（1996）指出，生产可能集需要满足以下公理体系：

公理1（凸性公理）　对任意$(X, Y) \in T$、$(X', Y') \in T$和$a \in [0, 1]$，均满足$a(X, Y) + (1-a)(X', Y') = [aX + (1-a)X', aY + (1-a)Y'] \in T$。

公理2（无效性公理）　对任意$(X, Y) \in T$，若$X' \geqslant X$，则$(X', Y) \in$

T；若 $Y' \leqslant Y$，则 $(X, Y') \in T$。

公理 3（锥性公理） 对任意 $(X, Y) \in T$ 和 $a \geqslant 0$，有 $a(X, Y) = (aX, aY) \in T$。

公理 4（最小性公理） T 是满足公理 1 至公理 3 的所有集合的交集。

在明确了生产可能集的基础上，我们可以对投入集和产出集进行定义，以便本书后续研究中使用。

定义 3.2 同生产可能集 T 有关的投入集可以表示为：$L(Y) = \{X \mid (X, Y) \in T\}$，表示能够转化为指定产出 Y 的所有投入的集合。

定义 3.3 同生产可能集 T 有关的产出集可以表示为：$P(X) = \{Y \mid (X, Y) \in T\}$，表示由指定投入 X 能够转化成的所有产出的集合。

基于定义 3.1 和公理 1 至公理 4，满足规模收益不变假设的生产可能集可以表示为

$$T = \left\{ (X, Y) \middle| \sum_{j=1}^{n} \lambda_j x_{ij} \leqslant x_i \forall i, \sum_{j=1}^{n} \lambda_j y_{rj} \geqslant y_r \forall r, \lambda_j \geqslant 0 \forall j \right\} \quad (3.1)$$

式中，λ_j 表示 DMU_j 的强度变量（intensity variable）。这里不对规模收益不变进行详细解释，后文中会对规模收益及其类型进行说明。

（3）生产前沿面

生产前沿面（production frontier）是由生产可能集中所有有效点组成的超曲面，同时也是生产可能集中所有决策单元在保持现有产出水平下投入水平最小化的边界或保持现有投入水平下产出水平最大化的边界。此外，盛昭瀚等（1996）、魏权龄（2004）从公式化的角度给出了生产前沿面的定义。

定义 3.4 假设 $u \geqslant 0 (u \in R_s^+)$，$v \geqslant 0 (v \in R_m^+)$，$L = \{(X, Y) \mid v^{\mathrm{T}} X - u^{\mathrm{T}} Y = 0\}$ 满足 $T \subset \{(X, Y) \mid v^{\mathrm{T}} X - u^{\mathrm{T}} Y \geqslant 0\}$，且 $L \cap T \neq \varnothing$，则 $L \cap T$ 为生产可能集 T 的弱有效生产前沿面。

在 DEA 方法体系中，我们称位于生产前沿面上的决策单元的投入产出水平是有效的，因此位于生产可能集内部的决策单元是无效的。

生产前沿面对应的生产函数可以通过参数方法和非参数方法进行估计，其中，参数方法的代表是随机前沿分析方法，而非参数方法的代表是本书采用的 DEA 方法。

(4) 期望产出与非期望产出

期望产出（desirable output）是指能够产生效益的好的产出，是越多越好的产出，如产量、利润等。非期望产出（undesirable output）是指对生产系统本身或环境有危害的坏的产出，是越少越好的产出，如废气、废水、废物等。

(5) 强可处置性与弱可处置性

在实际生产过程中，投入和产出的变化并非都是同步的，我们称这种变化规律为投入或产出的可处置性。根据变化的自由程度，传统的可处置性分为强可处置性（strong disposability）（或自由处置性）和弱可处置性（weak disposability）。因此，投入、产出的可处置性主要包括4类。

1）投入的强可处置性：当投入有所增加时，则新的产出集包含原产出集，即对于任意 $X \in T(X \in R_m^+)$ 和 $X' \geqslant X$，有 $P(X) \subseteq P(X')$；

2）投入的弱可处置性：当所有投入以相同比例增加，产出不会减少，即对于任意 $X \in T(X \in R_m^+)$ 和 $\alpha \geqslant 1$，有 $P(X) \subseteq P(\alpha X)$；

3）产出的强可处置性：当所有产出按照任意方式减少（部分减少或全部减少）时，仍能够保证产出可行，即对于任意 $X \in T(X \in R_m^+)$，$Y \in P(X)$ 且 $0 \leqslant Y' \leqslant Y$，有 $Y' \in P(X)$；

4）产出的弱可处置性：当所有产出按照一定比例减少时，仍能够保证产出可行，即对于任意 $X \in T(X \in R_m^+)$，$Y \in P(X)$ 和 $0 \leqslant \theta \leqslant 1$，有 $\theta Y \in P(X)$。

(6) 规模收益

规模收益（returns to scale）是指在其他条件不变的条件下，决策单元的各种投入要素按照相同比例增加时对总产出的影响。规模收益是企业绩效分析中一个关键的指标，对决策者制定规模变更计划具有至关重要的作用。在生产活动中，常见的规模收益类型有4个。

1）规模收益不变（constant returns to scale，CRS）是指产出要素增加（减少）的比例等于投入要素增加（减少）的比例的状态，生产可能集如式(3.1)所示。

2）规模收益可变（variable returns to scale，VRS）是指产出要素增加（减少）的比例与投入要素增加（减少）的比例没有固定大小关系的状态，可以通过在式（3.1）中添加约束条件 $\sum_{j=1}^{n}\lambda_j = 1$ 得到对应的生产可能集。

3）规模收益递增（increasing returns to scale，IRS）是指产出要素增加（减少）的比例大于投入要素增加（减少）的比例的状态，可以通过在式（3.1）中添加约束条件 $\sum_{j=1}^{n}\lambda_j \geqslant 1$ 得到对应的生产可能集。

4）规模收益递减（decreasing returns to scale，DRS）是指产出要素增加（减少）的比例小于投入要素增加（减少）的比例的状态，可以通过在式（3.1）中添加约束条件 $\sum_{j=1}^{n}\lambda_j \leqslant 1$ 得到对应的生产可能集。

根据不同的规模收益假设，生产可能集的形状会有所区别。这里，我们以一个单投入单产出的系统中的 3 个 DMU（*A*、*B* 和 *C*）为例，在二维坐标系中展示不同规模收益对应的生产可能集的形状（阴影部分），如图 3.1 所示。

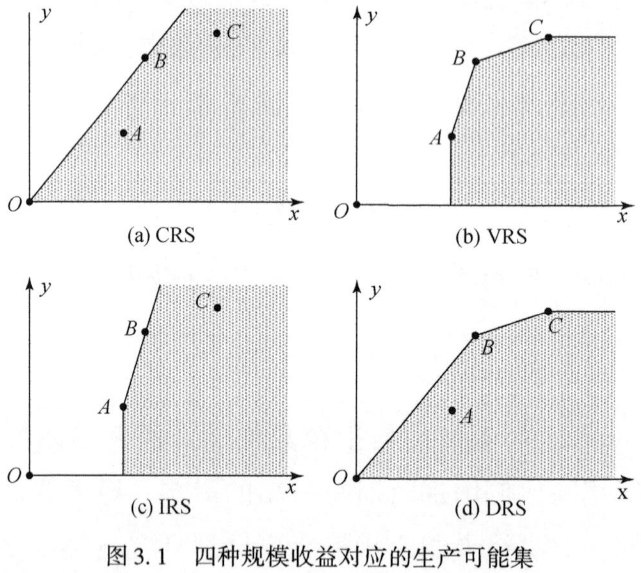

图 3.1　四种规模收益对应的生产可能集

3.1.2　效率测度

Farrell（1957）在 Debreu（1951）的基础上提出了企业效率评价的概念，

并将其划分为技术效率和配置效率两种。其中，技术效率是指在投入要素不变的前提下，企业的实际产出与理想情况下的产出之比。如果实际产出小于理想情况下的产出，则说明该企业的生产活动是技术无效的。配置效率是指技术有效和产出固定的前提下，企业的理想成本与实际成本之比。技术效率和配置效率都是企业经济效率的重要组成部分，在不断发展过程中逐渐成为 DEA 方法的基本思想。

定义 3.5　若投入、产出的权向量分别为 $v=(v_1,\ v_2,\ \cdots,\ v_m)^{\mathrm{T}}$ 和 $u=(u_1,\ u_2,\ \cdots,\ u_s)^{\mathrm{T}}$，则决策单元 $\mathrm{DMU}_j(j=1,\ 2,\ \cdots,\ n)$ 的效率为 $\vartheta_j=\dfrac{u^{\mathrm{T}}Y_j}{v^{\mathrm{T}}X_j}=\dfrac{\sum_{r=1}^{s}u_r y_{rj}}{\sum_{i=1}^{m}v_i x_{ij}}$。

利用 DEA 方法测算出的效率主要是指技术效率，并且是一种相对效率，是被评对象相对于由所有决策单元构成的生产可能集中有效单元的效率。具体地，可以从两个视角理解相对效率：①在保持被评对象当前投入水平不变的前提下，其实际产出与其投影在生产前沿面上的有效产出的比值；②在保持被评对象当前产出水平不变的前提下，被评对象投影在生产前沿面上的有效投入与其实际投入的比值。

效率的测度方法在众多学者的研究过程中不断改进和拓展，目前主流的效率相关的测度方法包括距离函数（distance function）、方向距离函数（directional distance function，DDF）、生产率（productivity）指数等。

（1）距离函数

距离函数在描述多投入、多产出生产技术的效率和生产率中非常常见。Malmquist（1953）和 Shephard（1970）通过引入距离函数的概念，实现了对效率、生产率的测度，随后距离函数在众多场景中得到了应用。根据变动的不同方向性，距离函数可分为投入距离函数和产出距离函数。其中，投入距离函数在保证当前产出水平不变的情况下，尽可能缩减投入，从而描述生产单元距离前沿技术水平的距离特征。产出距离函数则是在保证当前投入水平不变的情况下，尽可能地扩大产出，以获得被评对象的生产技术特征。

按照 Malmquist（1953）和 Shephard（1970）对距离函数的描述，径向投入距离函数（radial input distance function）采用投入集 $L(Y)$ 的概念，被定义为

$$\mathrm{DF_i}(X,\ Y) = \min\{\vartheta \mid \vartheta X \in L(Y),\ \vartheta \geqslant 0\} \tag{3.2}$$

模型（3.2）旨在确定 ϑ 的最小收缩程度，使得 $(\vartheta X,\ Y)$ 始终位于投入集 $L(Y)$ 中。具体地，模型（3.2）可以改写为如下线性规模模型：

$$\begin{aligned}
&\min\theta \\
&\text{s. t. } \sum_{j=1}^{n}\lambda_j X_j \leqslant \theta X_0 \\
&\sum_{j=1}^{n}\lambda_j Y_j \geqslant Y_0 \\
&\lambda_j \geqslant 0,\ j=1,\ 2,\ \cdots,\ n \\
&\theta \geqslant 0
\end{aligned} \tag{3.3}$$

其中，$\theta^* <1$ 表示被评对象位于生产前沿面以内，而 $\theta^* =1$ 表示被评对象位于生产前沿面上。此模型与在规模收益不限假设条件下基于投入的 CCR 模型一致，具体 CCR 模型将在 3.2.1 节中展开说明。

相应地，径向产出距离函数（radial output distance function）采用产出集 $P(X)$ 的概念，被定义为

$$\mathrm{DF_o}(X,\ Y) = \max\{\varphi \mid \varphi Y \in P(X),\ \varphi \geqslant 0\} \tag{3.4}$$

模型（3.4）旨在确定 φ 的最大扩张程度，使得 $(\varphi X,\ Y)$ 始终位于产出集 $P(X)$ 中。类似地，模型（3.4）可以改写为如下线性规划模型：

$$\begin{aligned}
&\max\varphi \\
&\text{s. t. } \sum_{j=1}^{n}\lambda_j X_j \leqslant X_0 \\
&\sum_{j=1}^{n}\lambda_j Y_j \geqslant \varphi Y_0 \\
&\lambda_j \geqslant 0,\ j=1,\ 2,\ \cdots,\ n \\
&\varphi \geqslant 0
\end{aligned} \tag{3.5}$$

模型（3.5）与规模收益不限假设条件下的基于产出的CCR模型一致，具体CCR模型参见3.2.1节。

（2）方向距离函数

存在环境规制场景下的效率测度目标是在尽可能减少非期望产出的同时促进产出的增长，传统的距离函数无法处理存在非期望产出的情况，因此Chung等（1997）提出了对Shephard（1970）产出距离函数的一般化模型，称为方向距离函数，模型如下：

$$\vec{D}_{\mathrm{DDF}}(X, Y, B; \boldsymbol{g}) = \sup\{\beta \mid (Y, B + \beta \boldsymbol{g}) \in P(X)\} \tag{3.6}$$

其中，$\boldsymbol{g} = (g_Y, g_B)$ 是产出向量变化的方向向量。此模型的提出意味着可以兼顾期望产出的增加和非期望产出的减少。模型（3.6）在规模收益不变的假设条件下，可以改写成如下线性规划模型：

$$\begin{aligned}
&\vec{D}_{\mathrm{DDF}}(X, Y, B; g_Y, g_B) = \max\beta \\
\text{s.t.}\quad &\sum_{j=1}^{n}\lambda_j X_j \leqslant X_0 \\
&\sum_{j=1}^{n}\lambda_j Y_j \geqslant Y_0 + \beta g_Y \\
&\sum_{j=1}^{n}\lambda_j B_j \geqslant B_0 - \beta g_B \\
&\lambda_j \geqslant 0,\ j = 1, 2, \cdots, n
\end{aligned} \tag{3.7}$$

（3）生产率指数

生产率是描述生产活动的产出与所需的投入要素之间的比值。全要素生产率（total factor productivity，TFP）是生产率中的一种，用于测度所有的投入要素对产出增长的贡献，计算方法包括索洛余值法、前沿生产函数法、DEA方法等。由此可以看出，效率属于对决策单元当期生产水平（效率）的一种评价，而生产率属于对跨期生产水平（效率）变化程度的一种评价。在距离函数和方向距离函数的基础上，基于DEA方法的生产率评价体系得到了长足发展，在存在非期望产出的情景中也得到了拓展。具体地，不同类型的生产率指数及其测度模型将在第 5 章中展开讲解，此处只进行简要介绍。本书第 5 章将在已有生产率指数的基础上，对产能利用率的跨期测度进行研究。

3.2 DEA 基本模型

随着 DEA 方法的不断发展和完善，出现了众多有代表性的 DEA 模型，本节主要介绍主流的 CCR 模型、BCC 模型、SBM 模型、超效率模型和交叉效率模型。

3.2.1 CCR 模型

CCR 模型是 DEA 方法的第一个模型，由 Charnes、Cooper 和 Rhodes 三位学者提出（Charnes et al., 1978），并以他们名字的首字母命名。CCR 模型如下：

$$
\begin{aligned}
&\max \sum_{r=1}^{s} u_r y_{r0} \Big/ \sum_{i=1}^{m} v_i x_{i0} \\
&\text{s. t.} \quad \sum_{r=1}^{s} u_r y_{rj} \Big/ \sum_{i=1}^{m} v_i x_{ij} \leqslant 1,\ j = 1,\ 2,\ \cdots,\ n \\
&\qquad u_r \geqslant 0,\ r = 1,\ 2,\ \cdots,\ s \\
&\qquad v_i \geqslant 0,\ i = 1,\ 2,\ \cdots,\ m
\end{aligned}
\tag{3.8}
$$

由于模型（3.8）为非线性模型，我们通过 Charnes-Cooper 变换（Charnes and Cooper, 1962）将其转化为如下线性规划：

$$
\begin{aligned}
&\max \sum_{r=1}^{s} u_r y_{r0} \\
&\text{s. t.} \quad \sum_{r=1}^{s} u_r y_{rj} - \sum_{i=1}^{m} v_i x_{ij} \leqslant 0,\ j = 1,\ 2,\ \cdots,\ n \\
&\qquad \sum_{i=1}^{m} v_i x_{i0} = 1 \\
&\qquad u_r \geqslant 0,\ r = 1,\ 2,\ \cdots,\ s \\
&\qquad v_i \geqslant 0,\ i = 1,\ 2,\ \cdots,\ m
\end{aligned}
\tag{3.9}
$$

对模型（3.9）求对偶问题，可以得到如下模型：

$$
\begin{aligned}
&\min\theta_0 \\
&\text{s.t.}\ \sum_{j=1}^{n}\lambda_j x_{ij} \leqslant \theta_0 x_{i0},\ i=1,\ 2,\ \cdots,\ m \\
&\qquad \sum_{j=1}^{n}\lambda_j y_{rj} \geqslant y_{r0},\ r=1,\ 2,\ \cdots,\ s \\
&\qquad \lambda_j \geqslant 0,\ j=1,\ 2,\ \cdots,\ n
\end{aligned}
\tag{3.10}
$$

式中，λ_j 表示强度变量，θ_0 表示当前被评对象 DMU_0 的相对效率。此模型为投入导向（input-oriented）的模型，投入导向是从投入的角度测度被评对象的效率，重点关注在不减少产出的情况下如何通过减少投入达到技术有效。产出导向是从产出的角度测度被评对象的效率，重点关注在不增加投入的情况下产出可以增加到何种程度才能达到技术有效。模型（3.10）对应的产出导向模型为

$$
\begin{aligned}
&\max\theta_0 \\
&\text{s.t.}\ \sum_{j=1}^{n}\lambda_j x_{ij} \leqslant x_{i0},\ i=1,\ 2,\ \cdots,\ m \\
&\qquad \sum_{j=1}^{n}\lambda_j y_{rj} \geqslant \theta_0 y_{r0},\ r=1,\ 2,\ \cdots,\ s \\
&\qquad \lambda_j \geqslant 0,\ j=1,\ 2,\ \cdots,\ n
\end{aligned}
\tag{3.11}
$$

定义 3.6　当模型（3.10）、模型（3.11）中的最优解 $\theta_0^* = 1$ 时，DMU_0 为技术效率（弱）有效。

定义 3.7　当模型（3.10）、模型（3.11）中的最优解 $\theta_0^* < 1$ 时，DMU_0 为技术效率无效。

3.2.2　BCC 模型

最早提出的 CCR 模型是基于规模收益不变假设的效率测度模型，Banker 等（1984）在 CCR 模型基础上采用规模收益可变假设对 CCR 模型进行改造，得到了如下 BCC 模型：

$$\begin{aligned}
&\min\theta_0 \\
&\text{s.t.}\ \sum_{j=1}^{n}\lambda_j x_{ij} \leqslant \theta_0 x_{i0},\ i=1,\ 2,\ \cdots,\ m \\
&\sum_{j=1}^{n}\lambda_j y_{rj} \geqslant y_{r0},\ r=1,\ 2,\ \cdots,\ s \\
&\sum_{j=1}^{n}\lambda_j = 1 \\
&\lambda_j \geqslant 0,\ j=1,\ 2,\ \cdots,\ n
\end{aligned} \tag{3.12}$$

模型（3.12）为投入导向的 BCC 模型，相应的产出导向的 BCC 模型为

$$\begin{aligned}
&\max\theta_0 \\
&\text{s.t.}\ \sum_{j=1}^{n}\lambda_j x_{ij} \leqslant x_{i0},\ i=1,\ 2,\ \cdots,\ m \\
&\sum_{j=1}^{n}\lambda_j y_{rj} \geqslant \theta_0 y_{r0},\ r=1,\ 2,\ \cdots,\ s \\
&\sum_{j=1}^{n}\lambda_j = 1 \\
&\lambda_j \geqslant 0,\ j=1,\ 2,\ \cdots,\ n
\end{aligned} \tag{3.13}$$

从以上两个模型可以看出，BCC 模型是在 CCR 模型基础上通过添加 $\sum_{j=1}^{n}\lambda_j = 1$ 得到的。这一约束条件的添加，对生产可能集的形状进行了修改，同时也放宽了 CCR 模型中的锥性公理。通常，我们称由 BCC 模型得到的效率为纯技术效率，此外，技术效率与纯技术效率的比值被称为规模效率（盛昭瀚等，1996）。

3.2.3 SBM（slack-based measure）模型

传统 CCR 模型和 BCC 模型都属于径向模型，没有考虑松弛变量的存在，在此基础上，Tone（2001）通过引入松弛变量拓展已有模型，提出了如下非径向的 SBM 模型：

$$
\begin{aligned}
&\min\left(1-\frac{1}{m}\sum_{i=1}^{m}\frac{s_i^-}{x_{i0}}\right)\Big/\left(1+\frac{1}{s}\sum_{r=1}^{s}\frac{s_r^+}{y_{r0}}\right)\\
&\text{s. t. }\sum_{j=1}^{n}\lambda_j x_{ij}+s_i^-=x_{i0},\ i=1,2,\cdots,m\\
&\qquad\sum_{j=1}^{n}\lambda_j y_{rj}-s_r^+=y_{r0},\ r=1,2,\cdots,s\\
&\qquad\sum_{j=1}^{n}\lambda_j=1\\
&\qquad\lambda_j\geqslant 0,\ j=1,2,\cdots,n
\end{aligned}
\tag{3.14}
$$

其中，s_i^- 和 s_r^+ 分别表示投入和产出对应的松弛变量。模型 3.14 是非线性模型，经过线性转化后得到的线性模型为

$$
\begin{aligned}
&\min t-\frac{1}{m}\sum_{i=1}^{m}\frac{\hat{s}_i^-}{x_{i0}}\\
&\text{s. t. } t+\frac{1}{s}\sum_{r=1}^{s}\frac{\hat{s}_r^+}{y_{r0}}=1\\
&\qquad\sum_{j=1}^{n}\hat{\lambda}_j x_{ij}+\hat{s}_i^-=tx_{i0},\ \forall i\\
&\qquad\sum_{j=1}^{n}\hat{\lambda}_j y_{rj}-\hat{s}_r^+=ty_{r0},\ \forall r\\
&\qquad\hat{\lambda}_j,\ \hat{s}_i^-,\ \hat{s}_r^+\geqslant 0,\ \forall j,\ \forall i,\ \forall r
\end{aligned}
\tag{3.15}
$$

3.2.4　超效率（super efficiency）模型

上述 DEA 模型能够识别有效和无效两类决策单元，但是对于有效单元的差异识别不够，不能够实现决策单元的全排序。为了进一步解决这一问题，Andersen 和 Petersen（1993）提出了超效率模型，如下：

$$
\begin{aligned}
&\min\theta_0\\
&\text{s. t. }\sum_{j=1,\ j\neq 0}^{n}\lambda_j x_{ij}\leqslant\theta_0 x_{i0},\ i=1,2,\cdots,m\\
&\qquad\sum_{j=1,\ j\neq 0}^{n}\lambda_j y_{rj}\geqslant y_{r0},\ r=1,2,\cdots,s\\
&\qquad\sum_{j=1,\ j\neq 0}^{n}\lambda_j=1\\
&\qquad\lambda_j\geqslant 0,\ j=1,2,\cdots,n
\end{aligned}
\tag{3.16}
$$

此模型与传统 CCR 模型和 BCC 模型极为相似，差别在于超效率模型用于构建生产前沿面的决策单元排除了当前的被评对象，使得在 CCR 模型或 BCC 模型中效率为 1 的决策单元可能出现效率值大于 1 的情况，进而为被评对象全排序提供依据。

3.2.5　交叉效率（cross efficiency）模型

为了区别强有效和弱有效决策单元，需对所有决策单元进行全排序，Sexton 等（1986）、Doyle 和 Green（1994）从互评的角度提出了交叉效率模型。应用交叉效率模型的过程分为两步，第一步用来确定对每个决策单元来讲的最优权重，如下：

$$
\begin{aligned}
&E_{kk} = \max \sum_{r=1}^{s} u_r^k y_{rk} \\
&\text{s. t.} \quad \sum_{r=1}^{s} u_r^k y_{rj} - \sum_{i=1}^{m} v_i^k x_{ij} \leqslant 0,\ j = 1,\ 2,\ \cdots,\ n \\
&\sum_{i=1}^{m} v_i^k x_{i0} = 1 \\
&u_r^k \geqslant 0,\ r = 1,\ 2,\ \cdots,\ s \\
&v_i^k \geqslant 0,\ i = 1,\ 2,\ \cdots,\ m
\end{aligned}
\tag{3.17}
$$

模型（3.17）旨在确定 DMU_k 的最优权重 $u_r^{k*}(r = 1,\ 2,\ \cdots,\ s)$ 和 $v_i^{k*}(i = 1,\ 2,\ \cdots,\ m)$，进而确定 DMU_k 的最优效率 E_{kk}^* 。在第二步中，运用第一步中确定的权重对其他决策单元进行交叉评价，则对 $\text{DMU}_j(j = 1,\ 2,\ \cdots,\ n,\ j \neq k)$ 的交叉效率为

$$
E_{kj} = \frac{\sum_{r=1}^{s} u_r^{k*} y_{rk}}{\sum_{i=1}^{m} v_i^{k*} x_{ij}} (k,\ j = 1,\ 2,\ \cdots,\ n) \tag{3.18}
$$

在以上两步的基础上，我们可以得到一个交叉效率矩阵，从而可以进一步采用所有 E_{kj} 的平均值作为 DMU_j 的交叉效率：

$$
E_j = \frac{1}{n} \sum_{k=1}^{n} E_{kj} \tag{3.19}
$$

3.3　基于 DEA 的传统产能利用率测度模型

基于 DEA 的产能利用率测度方法采用经济学中的短期视角，将投入指标划分为固定投入和可变投入，从而识别蕴藏在固定投入中的产出潜能（产能），进而得到实际产出与产能水平的差异，即产能利用率。其中，固定投入是指在短期内一些无法立即根据需求或成本因素调整至最优状态的生产要素，如厂房、大型设备等。可变投入是指在生产过程中易于根据所需数量改变投入量的生产要素，如原材料等。

DEA 方法的产能利用率测度方法以经济学领域的物理产能定义为基础（Johansen，1968；Nelson，1989），定义产能是在当前的设备和可变生产要素的投入量不受限制时，厂商在单位时间内能够生产产品的最大量。在此基础上，Färe 等（1989a，1989b）将物理产能的概念引入非参数估计框架，通过一系列基于产出的生产前沿面和效率的估计，实现了对产能以及产能利用率的测度。基于 DEA 方法的产能利用率测度方法主要分为三个步骤：第一步，在对固定投入和可变投入都施加约束的前提下，利用基于产出的 DEA 模型测度被评对象的有效产出水平；第二步，放宽对可变投入的约束，构造新的基于产出的 DEA 模型测度被评对象的产能水平；第三步，通过计算有效产出与产能的比值得到产能利用率。

需要说明的是，第三步中采用的由有效产出与产能的比值进行比较得到的产能利用率也被称为无偏的产能利用率（unbiased capacity utilization），因为它去除了无效性对结果的影响，而采用的由实际产出与产能的比值进行比较得到的产能利用率被称为有偏的产能利用率（biased capacity utilization）。学术界对于有偏的产能利用率和无偏的产能利用率的使用场景进行了很多讨论（Coelli et al.，2002；Färe et al.，1989a；Pascoe and Tingley，2006），本书中我们认为中国制造业的运行效率不足，与市场、体制、环境等有关，属于无法轻易消除的因素，因此采用无偏的产能利用率测度体系。模型测度过程如下：

假设有 n 个被评对象，每个被评对象 $DMU_j(j = 1，2，\cdots，n)$ 都可以将 m 个投入 $X_j \in R_m^+$ 转化为 s 个产出 $Y_j \in R_s^+$，其中投入指标可以划分为固定投入

$F_j \in R_p^+$ 和可变投入 $V_j \in R_q^+$ ，即 $X_j = (F_j, V_j)$ 。为了计算 DMU_0 的有效产出，我们首先采用基于产出的 DEA 模型：

$$\max\theta \quad \text{s. t.} \left\{ \sum_{j=1}^{n} \lambda_j Y_j \geqslant \theta Y_0, \ \sum_{j=1}^{n} \lambda_j X_j \leqslant X_0, \ \sum_{j=1}^{n} \lambda_j = 1, \ \lambda_j \geqslant 0 \forall j \right\} \tag{3.20}$$

根据效率的定义，DMU_0 的效率可以表示为 $TE = \frac{1}{\theta^*} (TE \in (0, 1])$ ，同时有效产出可以表示为 $\theta^* Y_0$。为了求解产能产出，我们对模型（3.20）进行改造，放宽对于可变投入的约束，则新的模型为

$$\max\hat{\theta} \quad \text{s. t.} \left\{ \sum_{j=1}^{n} \lambda_j Y_j \geqslant \hat{\theta} Y_0, \ \sum_{j=1}^{n} \lambda_j F_j \leqslant F_0, \ \sum_{j=1}^{n} \lambda_j = 1, \ \lambda_j \geqslant 0 \forall j \right\} \tag{3.21}$$

由模型（3.21）的求解结果可以得到产能产出为 $\hat{\theta}^* Y_0$。根据无偏的产能利用率的定义，DMU_0 的产能利用率可以表示为

$$CU = \frac{\theta^*}{\hat{\theta}^*} \tag{3.22}$$

为了更加直观地说明 DEA 产能利用率测度方法的含义，我们用图 3.2 中的示意图进行说明。点 P 为某产能利用率被评对象，通过第一步模型 3.20 的计算，点 P 可以投影到有效前沿面上的 Q 点。经过第二步模型 3.21 的计算，点 P 可以进一步投影到产能前沿面上的 W 点。因此，P 点对应的产能利用率为 OB/OC 。

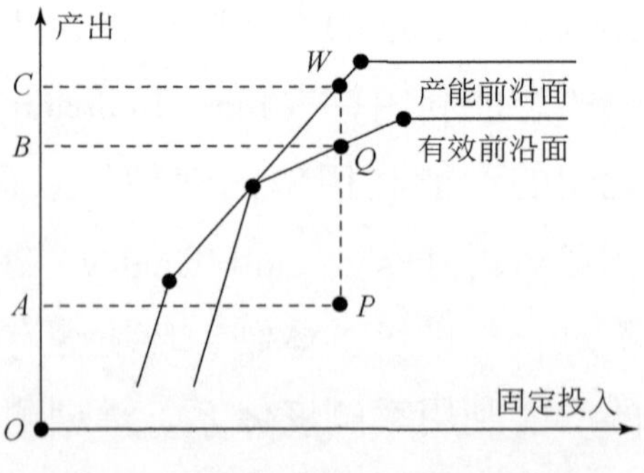

图 3.2　传统产能利用率模型示意图

由于该产能利用率测度模型的良好性质，其在一些以开发公共资源为特征的行业中得到了广泛的应用，其中，实证应用最广泛的行业为渔业和医疗行业（Kerstens et al.，2019b）。在渔业领域，许多国家认为渔业存在捕捞能力过剩的问题，并将威胁到鱼类种群的可持续发展和渔业的经济效益（Pascoe et al.，2013；Schrobback et al.，2014；Tingley and Pascoe，2005；Walden and Tomberlin，2010）。在公共医疗领域，同样存在着国际上对过剩容量的共识，因此如何测度产能利用率和设计医院容量也是一个热点问题（Karagiannis，2015；Valdmanis et al.，2010；Valdmanis et al.，2015）。

传统基于DEA的产能利用率模型在各种实证研究中得到不断的深化和拓展，众多学者对原有模型进行改造，使其能够适应越来越多的场景。Färe和Grosskopf（2000）利用方向距离函数对传统产能利用率测度模型进行一般化。此后，一些学者在传统模型中引入了生产要素价格信息。Lindebo等（2007）提出了基于收益的产能利用率测度模型并进行了分解研究。Walden和Tomberlin（2010）在对渔业产能的估算中将传统模型拓展为自由处置壳（free disposal hull，FDH）模型。随着DEA和产能利用率技术的不断发展，一些研究工作改变了原有的假设，取得了一些方法论上的进展。传统的物理产能概念是建立在产出导向的效率测度基础上的，而近期Cesaroni等（2017）和Kerstens等（2019b）讨论了如何进行投入导向的产能利用率测度的问题。

综上，基于DEA的产能利用率测度方法已经被研究和应用于众多场景，但是鲜有研究关注存在非期望产出的应用场景、基于DEA方法的测度结果跨期不可比问题以及在我国当前供给侧结构性改革背景下的模型适用性问题。针对这些问题开展研究在产能利用率方法的推广和应用过程中具有重要的现实意义。因此，本书的后续章节旨在解决以上问题并提供一系列更加贴近现实需求的产能利用率测度模型。

第 4 章　考虑制造业非期望产出的产能利用率测度方法

传统 DEA 模型能够对产出仅包含期望产出的研究对象进行效率、生产率等的测度，但是并未考虑非期望产出。实际上众多效率评价问题中都存在非期望产出，如能源利用效率的测度需要引入碳排放量、水资源利用效率的测度需要引入废水排放量等。近年来，将非期望产出引入 DEA 模型的研究已经受到了众多学者的关注。本章在介绍 DEA 模型中引入非期望产出的技术基础上，拓展传统产能利用率测度模型并进行实证研究。

本章内容的安排如下：4.1 节回顾学术界常用的 4 种在 DEA 模型中引入非期望产出的技术；4.2 节通过两次构造方向距离函数，引入对非期望产出的约束，拓展现有的产能利用率测度方法；4.3 节应用基于方向距离函数的产能利用率测度模型，对中国制造业的产能利用情况进行实证研究并开展深入分析；4.4 节简要总结本章。

4.1　DEA 模型中的非期望产出处理方法

在社会经济活动中，经济主体行为的外部性或溢出效应时有发生，即由某些决策行为产生的社会成本会累积到不参与市场交易的外部各方身上（McConnell et al., 2009）。企业污染物排放活动属于存在上述经济外部性的实例，由污染物排放引起的社会成本内部化的问题已成为经济学家关注的重要领域。在当前企业污染成本内部化的环境规制下，企业自身通常会进行资源配置和技术革新以减轻污染，因此，在对厂商效率评价的实践研究中如果没有考虑非期望产出因素将不可避免地导致不合理的结果。此外，将非期望产出因素纳入生产效率评估体系可以为政策制定者提供关于生产系统的重要信息，从而助力政策的设计与改进。

现有研究中，在效率评价过程中处理非期望产出的技术主要包括两类：一类适用于参数模型，另一类适用于非参数模型（以 DEA 方法为主）。在本书中，我们重点关注后者，因为这类方法的灵活性强且限制性小，为拓展效率评价的应用场景提供了广泛的可能性。为了实现在非参数模型中纳入非期望产出的效果，众多学者采用了多种不同的技术试图将期望产出与非期望产出之间隐含的正相关关系模型化。

4.1.1　投入处理法

投入处理法是指在运用 DEA 模型计算环境效率时将非期望产出（污染物）作为投入指标来处理的方式（Yang and Pollitt，2009）。这种处理方式背后的逻辑在于，他们认为污染物与投入一样都属于越小越好的指标，同时污染物的排放对应环境处置污染物的能力，因此可以将污染物作为投入指标来处理（Considine and Larson，2006；Paul et al.，2002）。另外一些学者认为，期望产出与非期望产出之间存在正相关关系（Barbera and Mcconnell，1990），且 Mahlberg 和 Sahoo（2011）的研究中明确指出，非期望产出会为企业带来成本，因为企业需要将生产性投入从加工期望产出的生产活动中转移出来，以满足减排的目的。然而，这些观点受到了诸多质疑，认为其不能反映生产的真实过程（Seiford and Zhu，2002），且打破了物理学定律（Färe and Grosskopf，2003）和物料平衡原则（Ayres，1995）。此外，Podinovski 和 Kuosmanen（2011）指出将非期望产出视为投入的操作为非期望产出施加了自由处置性，这样的模型使得有限的投入能够创造无限的非期望产出，不符合实际，因此在本书中我们不采用此方法处理非期望产出。

4.1.2　转换函数处理法

转换函数处理法是指通过转换函数将成本型（越小越好）的非期望产出转化为效益型（越大越好）的期望产出，进而进行传统 DEA 模型计算的处理方式（Lovell et al.，1995；Sahoo et al.，2011）。常见的转换函数包括三类：负产出函数、非线性转换函数和线性转换函数。Seiford 和 Zhu（2002）针对负值的非期望产出提出了通过添加一个足够大的正数进行数据转换的方式。Scheel（2001）提出了使用倒数形式的非期望产出转换函数处理方法。然而，Färe 和 Grosskopf（2004）的研究表明，采用这种转换函数得到的产出数据是不一致的，因为转换过程会扭曲实际的生产过程。此外，转换函数的应用暗示着可以不加任何成本地减少不良产出，但这是不现实的（Du et al.，2014）。因此，我们在本书中也没有采用这种方法。

4.1.3 弱可处置性处理法

弱可处置性处理法是通过假设非期望产出的弱可处置性以及两类产出（期望产出和非期望产出）的零结合性（null jointness），从而在模型中处理非期望产出的方式（Färe and Grosskopf，2009；Färe et al.，1986）。其中，弱可处置性描述的是期望产出和非期望产出具有紧密联系且数量上无法独立更改的一种情形，这意味着降低非期望产出的同时必然会按比例减少期望产出。零结合性指的是若非期望产出为零，则期望产出将会是零的情形，即期望产出不能够独立于非期望产出的存在而存在。这种弱可处置性处理方法在存在非期望产出的效率研究中得到了广泛使用，然而 Coelli 等（2007）提出，弱可处置性假设违反了动力学第一定律。研究表明，在某些条件下，弱可处置性和零结合性假设可以与物质平衡原理兼容，如末端治理技术可以减轻污染（Hampf and Rødseth，2015）。Dakpo 等（2016）详细讨论了弱可处置性假设的使用条件和限制，本书将在适用范围内使用此技术。

4.1.4 By-production 处理法

By-production 处理法的核心在于通过构造两种子技术（生产可能集），一种被称为期望产出生产技术，满足期望产出的强可处置性，反映由投入转化为期望产出的过程，不涉及产生非期望产出的生产要素；另一种被称为非期望产出生产技术，满足成本处置性，反映投入转化为非期望产出的过程，仅涉及产生非期望产出的生产要素（Førsund，2009；Murty et al.，2012；Sueyoshi and Goto，2010；Sueyoshi et al.，2010）。这一方法可以利用单独的子技术分别测度被评对象的运行效率和环境效率。基于 By-production 处理法的 DEA 模型不同于传统的 DEA 模型，通过多重生产技术的构建反映经济生产活动中经济效益与环境效益的权衡关系。这种非期望产出的处理方法是近年来学术界新兴的技术，具有巨大的研究前景和发展潜力，本书将在合适的条件下采用这种方法。

4.2 基于弱可处置性和方向距离函数的产能利用率测度模型

传统产能利用率测度模型中没有考虑非期望产出存在的情况，不能准确地刻画存在环境规制的制造业生产活动，导致产能利用率估计结果的偏差。本节在基于 DEA 的传统产能利用率测度模型的基础上，引入非期望产出的弱可处置性，采用方向距离函数构造新的产能利用率测度模型，从而拓展了原有的产能利用率测度范式。

假设被评对象为一组 $J(j=1,2,\cdots,J)$ 个决策单元，这些决策单元能够将可变投入 V 和（准）固定投入 F 转化为期望产出 Y 和非期望产出 B，则环境生产可能集可以定义为

$$T=\{(F,V,Y,B)\mid(F,V)\text{能够转化为}(Y,B)\} \tag{4.1}$$

其中，非期望产出 B 与期望产出 Y 之间满足弱可处置性，这里我们参考 Shephard（1974）、Färe 等（2006）、Färe 和 Grosskopf（2009）对联合弱可处置性的描述，将其定义为

$$\mathrm{JWD}_{YB}:(F_j,V_j,Y_j,B_j)\in T,0\leqslant\vartheta_j\leqslant1\ \forall j\Rightarrow(F_j,V_j,\vartheta_jY_j,\vartheta_jB_j)\in T \tag{4.2}$$

其中，ϑ_j 被称为缩减因子，代表期望产出与非期望产出同时变动的比例，这说明非期望产出 B 的任何减少都会造成期望产出 Y 同等比例的减少。在本书中，我们设定 ϑ_j 在不同被评对象之间可以有所不同。在针对缩减因子的研究中，Kuosmanen（2005）、Kuosmanen 和 Podinovski（2009）指出，允许缩减因子在不同研究对象之间存在差异的设定可以看作对 Shephard（1974）的弱可处置性的一般化，此后，Fukuyama 和 Weber（2015，2016）分别采用如式（4.2）所示的联合弱可处置性对银行业的效率进行了研究。在此基础上，我们将式（4.1）中的生产可能集在规模收益可变假设条件下进行展开，可以得到如下模型：

$$T=\left\{(F,\ V,\ Y,\ B)\left|\begin{array}{l}\sum_{j=1}^{J}F_j\lambda_j\leqslant F,\ \sum_{j=1}^{J}V_j\lambda_j\leqslant V,\\ \sum_{j=1}^{J}\vartheta_jY_j\lambda_j\geqslant Y,\ \sum_{j=1}^{J}\vartheta_jB_j\lambda_j=B,\\ \sum_{j=1}^{J}\lambda_j=1,\ \lambda\geqslant 0,\ 0\leqslant\vartheta_j\leqslant 1\ \forall j\end{array}\right.\right\} \tag{4.3}$$

其中，F_j、V_j、Y_j 和 B_j 分别代表 DMU_j 的各项投入和产出指标观察值，且 $\lambda=(\lambda_1,\ \lambda_2,\ \cdots,\ \lambda_J)$ 代表强度变量。约束条件 $\sum_{j=1}^{J}\vartheta_jB_j\lambda_j=B$ 中的等号“=”是由弱可处置性产生的，更多详细的解释见 Emrouznejad 和 Yang（2016）的研究。

令 $\boldsymbol{g}=(g^Y,\ -g^B)\geqslant 0$ 代表方向向量，即生产可能集中的被评对象将按照 $(g^Y,\ g^B)$ 的方向同时增加好产出并减少坏产出，因此，DMU_k 的（受限）方向距离函数可以表示为

$$D(F_k,\ V_k,\ Y_k,\ B_k;\ \boldsymbol{g})=\max\{\beta\mid(F_k,\ V_k,\ Y_k+\beta g^Y,\ B_k-\beta g^B)\in T\}$$

$$=\max\left\{\beta\left|\begin{array}{l}\sum_{j=1}^{J}F_j\lambda_j\leqslant F_k,\ \sum_{j=1}^{J}V_j\lambda_j\leqslant V_k,\\ \sum_{j=1}^{J}\vartheta_jY_j\lambda_j\geqslant Y_k+\beta g^Y,\ \sum_{j=1}^{J}\vartheta_jB_j\lambda_j=B_k-\beta g^B,\\ \sum_{j=1}^{J}\lambda_j=1,\ \lambda\geqslant 0,\ 0\leqslant\vartheta_j\leqslant 1\ \forall j,\ \beta\ \text{free}\end{array}\right.\right\} \tag{4.4}$$

可以发现，模型（4.4）为非线性模型，因此我们通过设定 $\mu_j=\vartheta_j\lambda_j\geqslant 0$ 和 $\nu_j=(1-\vartheta_j)\lambda_j=\lambda_j-\mu_j$，得到 $\nu_j\geqslant 0$、$\lambda_j=\nu_j+\mu_j\geqslant 0$ 和 $\sum_{j=1}^{J}\lambda_j=\sum_{j=1}^{J}(\nu_j+\mu_j)=1$。因此，模型（4.4）可以改写为如下线性形式的（受限）方向距离函数：

$$D(F_k, V_k, Y_k, B_k; \boldsymbol{g}) = \max\left\{\beta \left| \begin{array}{l} \sum_{j=1}^{J} F_j(\nu_j + \mu_j) \leqslant F_k, \sum_{j=1}^{J} V_j(\nu_j + \mu_j) \leqslant V_k, \\ \sum_{j=1}^{J} Y_j \mu_j \geqslant Y_k + \beta g^Y, \sum_{j=1}^{J} B_j \mu_j = B_k - \beta g^B, \\ \sum_{j=1}^{J} (\nu_j + \mu_j) = 1, \nu_j + \mu_j \geqslant 0 \forall j, \\ \sum_{j=1}^{J} \mu_j \leqslant 1, \nu_j \geqslant 0 \forall j, \mu_j \geqslant 0 \forall j, \beta \text{ free} \end{array} \right. \right\} \tag{4.5}$$

沿用 Johansen（1968）在产能利用率测度中的技术设定，以及 Färe 等（1989a）、Färe 和 Grosskopf（2000）通过放宽对可变约束的约束后得到的不受限生产可能集，我们定义如下只受限于固定投入 F、期望产出 Y 和非期望产出 B 的不受限生产可能集：

$$\hat{T} = \left\{(F,\ V,\ Y,\ B) \left| \begin{array}{l} \sum_{j=1}^{J} F_j(\nu_j + \mu_j) \leqslant F,\ \sum_{j=1}^{J} V_j(\nu_j + \mu_j) \leqslant \delta V, \\ \sum_{j=1}^{J} Y_j \mu_j \geqslant Y,\ \sum_{j=1}^{J} B_j \mu_j = B,\ \delta \geqslant 0, \\ \sum_{j=1}^{J} (\nu_j + \mu_j) = 1,\ \nu_j + \mu_j \geqslant 0 \forall j, \\ \sum_{j=1}^{J} \mu_j \leqslant 1,\ \nu_j \geqslant 0 \forall j,\ \mu_j \geqslant 0 \forall j \end{array} \right. \right\} \tag{4.6}$$

其中，$\delta = (\delta_1, \delta_2, \cdots, \delta_J)$ 为可变投入的缩放因子，代表被评对象达到最大产出能力时可变投入扩张或者收缩的程度，由于缩放因子的引入，原模型中对可变投入的约束变弱。类似地，对应于模型（4.6）中不受限生产可能集的不受限方向距离函数为

$$\hat{D}(F_k, Y_k, B_k; \boldsymbol{g}) = \max\left\{\hat{\beta} \left| \begin{array}{l} \sum_{j=1}^{J} F_j(\nu_j + \mu_j) \leqslant F_k,\ \sum_{j=1}^{J} V_j(\nu_j + \mu_j) \leqslant \delta_k V_k, \\ \sum_{j=1}^{J} Y_j \mu_j \geqslant Y_k + \hat{\beta} g^Y,\ \sum_{j=1}^{J} B_j \mu_j = B_k - \hat{\beta} g^B, \\ \delta_k \geqslant 0,\ \sum_{j=1}^{J} (\nu_j + \mu_j) = 1,\ \nu_j + \mu_j \geqslant 0 \forall j, \\ \sum_{j=1}^{J} \mu_j \leqslant 1,\ \nu_j \geqslant 0 \forall j,\ \mu_j \geqslant 0 \forall j,\ \beta \text{free} \end{array} \right.\right\} \tag{4.7}$$

由于模型（4.7）比模型（4.6）中的约束更弱，对于任意（F_k，V_k，Y_k，B_k）$\in T$，两模型的求解结果一定满足 $\hat{D}^*$（F_k，Y_k，B_k；$\boldsymbol{g}$）$\geqslant D^*$（F_k，V_k，Y_k，B_k；$\boldsymbol{g}$）。因此，我们定义产能利用率为方向距离函数模型（4.7）和模型（4.5）的差，如下：

$$\text{CU} = \hat{D}(F_k, Y_k, B_k; \boldsymbol{g}) - D(F_k, V_k, Y_k, B_k; \boldsymbol{g}) \tag{4.8}$$

此产能利用率采用两个方向距离函数的差值定义，与传统的比例形式定义有所不同，因此能体现被评对象的产能利用的无效性，属于成本型指标，即越小越好。具体地，当 $\text{CU}^*=0$ 时，则说明被评价决策单元的产能得到了充分利用，而 $\text{CU}^*>0$ 对应于两种可能的情况：①绝对产能过剩，即仅存在过剩的固定投入导致的产能过剩现象；②非绝对产能过剩，即除了存在过剩的固定投入外，还存在（部分）可变投入的过剩，从而导致产能过剩现象。

参考 Kirkley 等（2002）、Yang 和 Fukuyama（2018）的研究，我们给出两种产能过剩的公式化定义如下：

定义 4.1　当 $\text{CU}^*>0$ 和所有可变投入对应的 $\delta^* \geqslant 1$ 同时成立时，我们称当前的被评对象存在绝对产能过剩现象。

定义 4.2　当 $\text{CU}^*>0$ 成立，但非所有可变投入对应的 $\delta^* \geqslant 1$ 都成立时，我们称当前的被评对象存在非绝对产能过剩现象。

作为此模型的副产品，我们同时可以测度得到可变投入的最优值：

$$V^* = \sum_{j=1}^{J} V_j(\nu_j^* + \mu_j^*) \tag{4.9}$$

其中 $\boldsymbol{\nu}_j^*$ 和 $\boldsymbol{\mu}_j^*$ 为模型（4.7）的求解结果。

为了更加直观地说明此模型测度产能利用率的过程和测度结果的含义，我们用图 4.1 进行说明。假设只有一个固定投入 F、一个可变投入 V、一个期望产出 Y 和一个非期望产出 B，定义 $\beta^*=D(F_k, V_k, Y_k, B_k; \boldsymbol{g})$、$\hat{\beta}^*=\hat{D}(F_k, Y_k, B_k; \boldsymbol{g})$。在可变投入和期望产出组成的二维象限中，被评对象的实际生产水平为（V_k，Y_k），在模型（4.5）的测度基础上可以改善自身生产效率，达到有效水平（V_k，Y_k^*），再经过模型（4.7）的测度可以通过改善自身资源配置，达到产能水平（V_k^*，$\hat{Y}_k^*$）。如图 4.1 所示，产能利用率为两个模型测度结果的差。

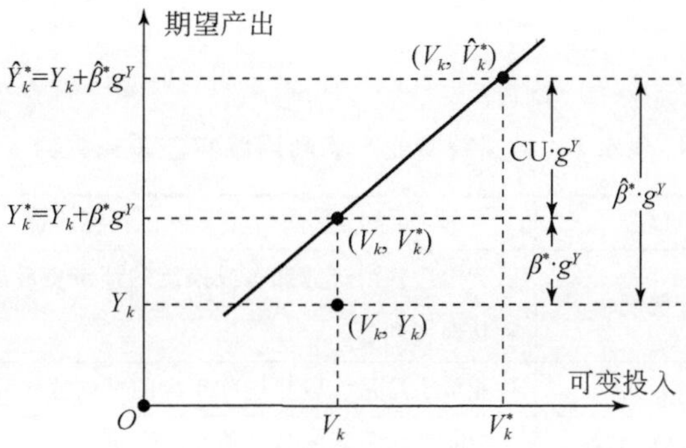

图 4.1　产能利用率测度模型示意图

由此可以看出，此模型相比传统模型具有明显的优势。一方面，此模型将非期望产出考虑在内，相比传统模型更贴近我国制造业的现实需求；另一方面，由于弱可处置性的引入，此模型能够对期望产出和非期望产出之间的关联类型进行描述，因此该模型构造的生产可能集更符合实际。

4.3　中国制造业产能利用率实证研究

本节中，我们以中国制造业为实例，采用本章提出的基于弱可处置性和方向距离函数的产能利用率模型测度不同行业的产能利用情况，并将计算结果与传统基于 DEA 方法的产能利用率测度模型进行比较，说明本章模型的性质。

4.3.1 数据来源与处理

根据对已有研究中我国制造业研究的梳理，我们发现，在对中国制造业的效率或绩效研究中，资产总计（投资总量或资本总量）、劳动力、能源消耗总量、工业总产值和 CO_2 排放量为最常用的投入、产出指标（Bi et al.，2014；Wang and Wei，2014；He et al.，2013；Watanabe and Tanaka，2007）。

因此，在本书中，我们选用三个投入指标（资产总计、能源消耗总量和劳动力）、一个期望产出指标（工业总产值）和一个非期望产出指标（CO_2 排放量），而与其他研究中国制造业效率问题的文献不同的是，能源消耗总量和劳动力在本书中将作为可变投入，同时资产总计将作为固定投入使用。具体的指标描述见表 4.1。

表 4.1 中国制造业产能利用率实证研究指标

类型	变量	单位	指标解释
F	资产总计	亿元	以货币形式由产业拥有或控制的经济资源的总量，包括固定资产、债权和其他权利等
V	劳动力	万人	行业员工总量，以年初和年末的平均数代替
	能源消耗总量	万吨标准煤	一定时期内消耗的各类能源的总量
Y	工业总产值	亿元	一定时期内生产的工业产品的总价值
B	CO_2 排放量	万吨	在生产、运输和回收利用产品等过程中排放的 CO_2 总量

资产总计、劳动力、能源消耗总量和工业总产值的数据直接获取自《中国统计年鉴》中的工业和能源篇，选用不同行业规模以上工业企业的数据。需要说明的是，我国国家统计局对于规模以上工业企业的衡量标准经历了几次主要的变更，2011 年以后规模以上工业企业的统计起点标准提高至 2000 万元，因此，为保证数据跨年的可比性，本书研究中国制造业问题的时段为 2011 ~ 2016 年。除上述四个指标的数据可以直接获取以外，CO_2 排放量的数据是无法直接获取的，我们首先统计了《中国统计年鉴》能源篇中公布的各产业煤炭、石油和天然气数据，再根据联合国政府间气候变化专门委员会（Intergovernmental Panel on Climate Change，IPCC）公布的 CO_2 排放总量公式进行计算，得到本书中使用的 CO_2 排放量数据。此外，根据我国工业行业的划分标准，目前共有 41

个二级工业行业，其中属于制造业的二级工业行业一共有30个，见表4.2。本书将以30个制造业二级子行业为研究对象，研究其在2011～2016年的产能利用率水平。

表4.2　中国制造业二级子行业列表

行业编号	行业名称	行业编号	行业名称
1	农副食品加工业	16	化学纤维制造业
2	食品制造业	17	橡胶和塑料制品业
3	酒、饮料和精制茶制造业	18	非金属矿物制品业
4	烟草制品业	19	黑色金属冶炼和压延加工业
5	纺织业	20	有色金属冶炼和压延加工业
6	纺织服装、服饰业	21	金属制品业
7	皮革、毛皮、羽毛及其制品和制鞋业	22	通用设备制造业
8	木材加工和木、竹、藤、棕、草制品业	23	专用设备制造业
9	家具制造业	24	汽车制造业
10	造纸和纸制品业	25	铁路、船舶、航空航天和其他运输设备制造业
11	印刷和记录媒介复制业	26	电气机械和器材制造业
12	文教、工美、体育和娱乐用品制造业	27	计算机、通信和其他电子设备制造业
13	石油加工、炼焦和核燃料加工业	28	仪器仪表制造业
14	化学原料和化学制品制造业	29	其他制造业
15	医药制造业	30	废弃资源综合利用业

由于本书研究的时间跨度为6年，涉及金钱的指标数据需要剔除通货膨胀的影响，本书采用OECD数据库中公布的我国2011～2016年的CPI环比增长率作为物价平减指数。

4.3.2　中国制造业行业数据分析

在分析我国制造业各行业的产能利用情况之前，有必要掌握制造业各行业的基本情况和近年来的发展情况。因此，我们首先对统计到的数据进行描述性统计，结果见表4.3。为了更加直观地观察各指标在2011～2016年的变化趋势，我们进一步利用各指标的平均值绘制了中国制造业投入产出指标平均值走势图，如图4.2所示。可以发现：①各指标在不同行业之间的差异较大，最大值和最小值的年际差异也较大；②资产总计和工业总产值在研究时段内保持稳步增长的态势；③劳动力、能源消耗总量和 CO_2 排放量均出现了先缓速增长后轻微下降的趋势。以上三个现象表明，近年来我国制造业的规模仍保持增长势头，同时由以往粗放型发展方式转向资源节约型、环境友好型发展方式。这些现象也可以说明我国环境保护部门和产业监管部门的政策起到了正向的引导作用。

在分析制造业各行业的投入、产出平均水平的基础上，我们以2016年的各指标数据为例深入分析制造业各行业投入、产出的分布情况。首先，我们以资产总计为横轴、劳动力为纵轴，观察各行业资源的配置方式，如图4.3所示，图中两条虚线为根据各行业实际资产、劳动力配置比例绘制的边界线，能够大致将投入要素的密集程度划分为三个区间，可以发现：①大部分行业的资产和劳动力投入水平较为均衡；②部分产业具有明显的资本密集现象，包括行业4（烟草制品业）、行业13（石油加工、炼焦和核燃料加工业）、行业14（化学原料和化学制品制造业）、行业19（黑色金属冶炼和压延加工业）和行业20（有色金属冶炼和压延加工业）；③部分产业具有明显的劳动力密集现象，包括行业6（纺织服装、服饰业）和行业7（皮革、毛皮、羽毛及其制品和制鞋业）；④众多行业中资产和劳动力投入最为密集的产业为行业27（计算机、通信和其他电子设备制造业）。

表4.3　中国制造业描述性统计数据

年份	统计量	资产总计（亿元）	劳动力（万人）	能源消耗总量（万吨标准煤）	工业总产值（亿元）	CO_2 排放量（万吨）
2011	最大值	54 340.84	819.48	58 896.58	64 066.98	188 759.96
	最小值	1 311.79	15.63	89.29	1 901.22	28.73
	中位数	13 863.14	219.28	1 764.47	14 961.52	1 056.52
	平均值	17 712.18	271.60	6 680.11	24 266.55	13 169.63
	标准差	15 128.64	195.34	12 732.45	19 129.63	36 153.79
2012	最大值	56 709.04	854.97	59 668.10	67 720.16	204 067.54
	最小值	1 376.24	16.80	107.36	1 986.60	32.83
	中位数	15 555.43	220.76	1 706.60	16 635.46	1 036.61
	平均值	18 983.43	282.83	6 814.56	25 709.62	13 757.86
	标准差	15 411.71	201.49	13 017.36	20 006.18	38 721.27

续表

年份	统计量	资产总计（亿元）	劳动力（万人）	能源消耗总量（万吨标准煤）	工业总产值（亿元）	CO_2 排放量（万吨）
2013	最大值	61 485.18	880.50	68 838.89	74 397.87	232 835.03
	最小值	1 617.58	17.72	169.46	2 207.92	94.45
	中位数	17 617.15	215.71	2 046.63	18 766.74	1 524.43
	平均值	21 102.08	286.56	7 931.43	28 323.22	16 730.16
	标准差	17 021.53	204.27	15 230.24	21 887.15	44 652.91
2014	最大值	63 763.04	906.59	69 342.42	79 421.39	240 726.75
	最小值	1 785.95	17.88	193.95	2 426.40	73.30
	中位数	19 279.35	225.11	2 086.10	20 609.50	1 377.29
	平均值	22 787.01	294.48	8 136.66	30 036.77	17 275.15
	标准差	18 268.17	210.43	15 614.60	22 957.88	46 252.00
2015	最大值	66 654.23	909.26	63 950.51	83 926.20	248 221.11
	最小值	1 819.17	18.31	188.07	2 568.79	56.54
	中位数	20 190.82	232.49	2 075.51	22 063.62	1 267.11
	平均值	23 916.79	289.81	8 132.69	30 258.90	17 725.91
	标准差	19 234.59	207.14	15 102.86	22 860.59	47 454.63
2016	最大值	71 189.10	890.26	62 101.29	88 660.28	251 517.38
	最小值	1 908.37	18.28	206.26	2 550.38	60.52
	中位数	20 844.72	234.07	2 193.39	23 450.02	1 066.26
	平均值	25 015.91	281.84	8 053.23	31 235.34	17 271.44
	标准差	20 472.93	202.01	14 739.79	23 865.30	47 428.54

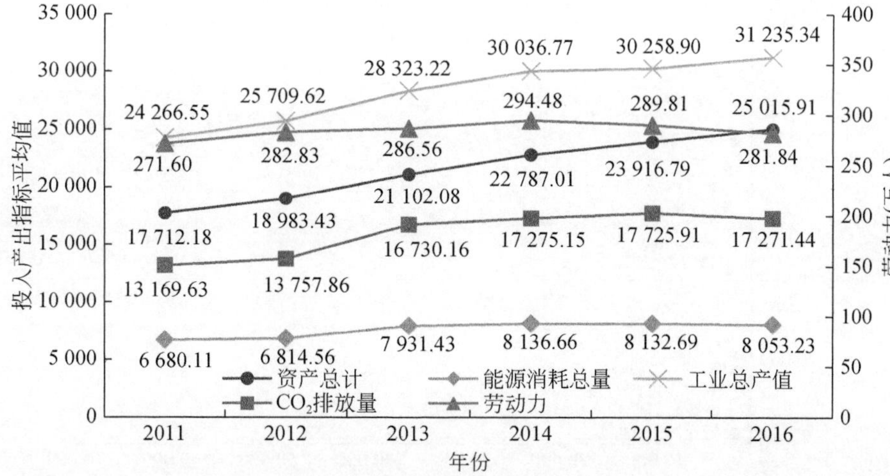

图 4.2　中国制造业投入产出指标平均值走势

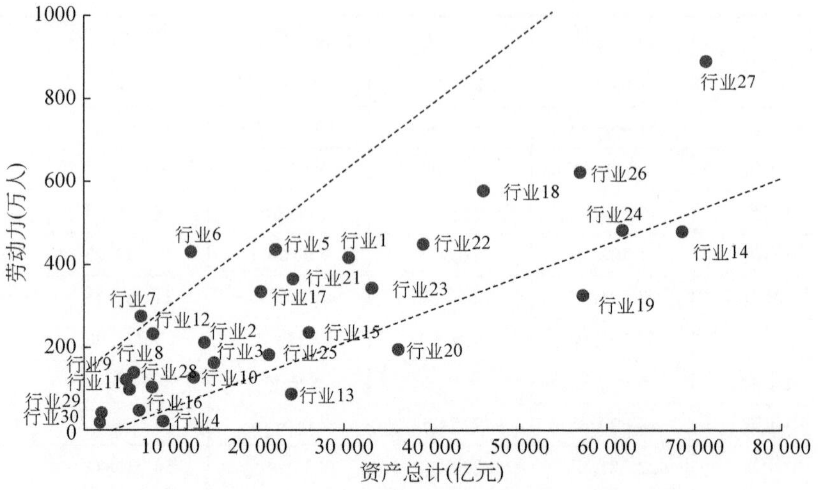

图 4.3　2016 年中国制造业各行业劳动力与资产分布

其次，我们以能源消耗总量为横轴、工业总产值为纵轴，观察各行业产出能耗情况，如图 4.4 所示，图中虚线为根据各行业实际工业总产值与能源消耗总量比例绘制的边界线，能够大致将能耗水平划分为两个区间，可以发现：①大部分行业的产出能耗水平较低，属于技术密集型或资本密集型产业；②部分产业具有明显的资源密集现象，包括行业 13（石油加工、炼焦和核燃料加工业）、行业 14（化学原料和化学制品制造业）、行业 19（黑色金属冶炼和压延加工业）、行业 20（有色金属冶炼和压延加工业）、行业 21（金属制品业）和行业 30（废弃资源综合利用业）。

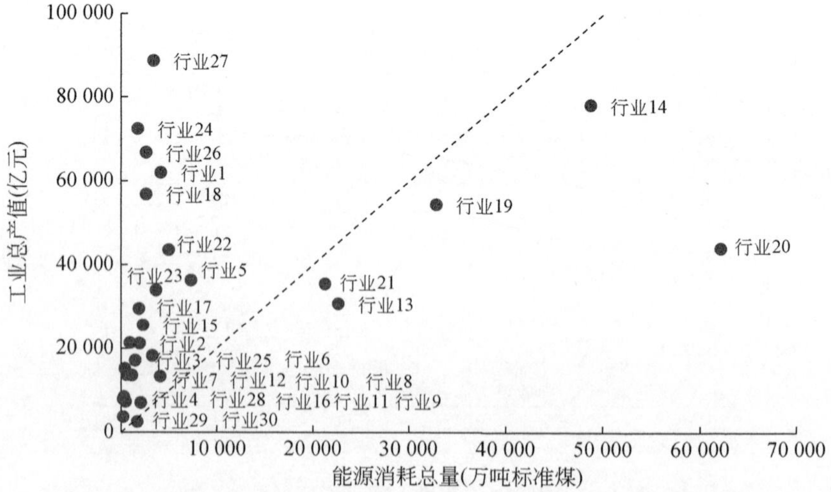

图 4.4　2016 年中国制造业各行业工业总产值与能源消耗总量分布

最后，我们以工业总产值为横轴、CO_2 排放量为纵轴，观察各行业产出污染物排放情况，如图 4.5 所示。图中虚线为根据各行业实际 CO_2 排放量与工业总产值比例绘制的边界线，能够大致将能耗水平划分为两个区间，可以发现：①大部分产业的产出碳排放水平较低；②部分产业的产出碳排放水平较高，包括行业 13（石油加工、炼焦和核燃料加工业）、行业 14（化学原料和化学制品制造业）、行业 19（黑色金属冶炼和压延加工业）、行业 20（有色金属冶炼和压延加工业）和行业 21（金属制品业）。

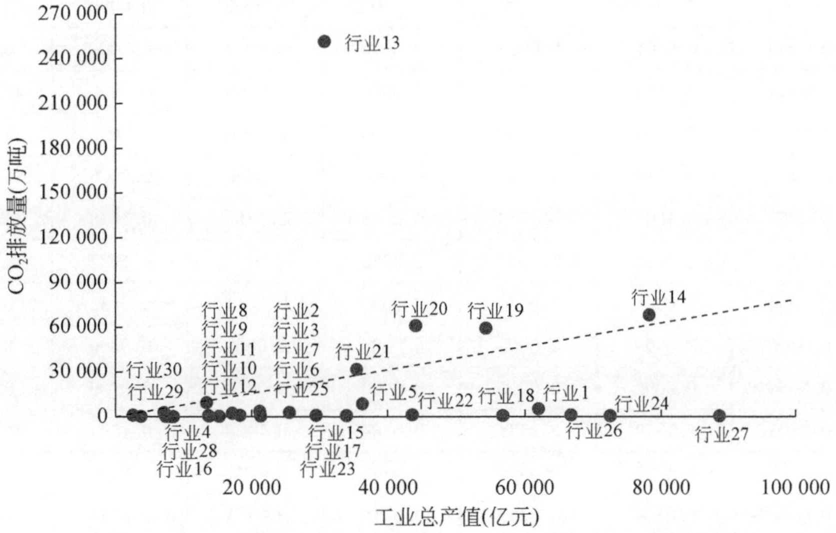

图 4.5　2016 年中国制造业各行业 CO_2 排放量与工业总产值分布

综上，我们可以得出行业 13（石油加工、炼焦和核燃料加工业）、行业 14（化学原料和化学制品制造业）、行业 19（黑色金属冶炼和压延加工业）、行业 20（有色金属冶炼和压延加工业）和行业 21（金属制品业）存在较为严重的资本密集、能源密集和碳排放问题。

4.3.3　中国制造业产能利用率分析

在对我国制造业各行业投入、产出数据进行分析的基础上，本小节将采用在 4.2 节中提出的产能利用率测度新模型，对我国制造业不同行业的产能利用率进行分析。这里，我们令 $\boldsymbol{g}=(g^Y, g^B)=(Y_o, B_o)$ 代表模型中的方向向量，其中 (Y_o, B_o) 表示被评对象 DMU_0 的产出，计算结果如表 4.4 所示。本书的实证研究部分，全部采用 Matlab 进行编程，具体地，这里用到的模型（4.5）和模型（4.7）的 Matlab 程序见附录。

表 4.4　中国制造业产能利用率测度结果

行业编号	2011 年	2012 年	2013 年	2014 年	2015 年	2016 年	均值（排名）
1	0.0000	0.0000	0.0000	0.0000	0.0000	0.0000	0.0000（1）
2	0.1471	0.0055	0.0095	0.0288	0.0299	0.0364	0.0429（13）
3	0.3073	0.1363	0.1316	0.1232	0.1313	0.1255	0.1592（23）
4	0.7511	0.3960	0.2830	0.2292	0.1960	0.2093	0.3441（28）
5	0.0000	0.0000	0.0000	0.0000	0.0000	0.0000	0.0000（1）
6	0.0000	0.0001	0.0000	0.0000	0.0014	0.0000	0.0003（6）
7	0.0448	0.0000	0.0000	0.0000	0.0000	0.0000	0.0075（11）
8	0.3330	0.0000	0.0000	0.0000	0.0000	0.0000	0.0555（14）
9	0.3455	0.0649	0.0592	0.0000	0.0000	0.0000	0.0783（17）
10	0.2250	0.1507	0.0939	0.1756	0.1753	0.2638	0.1807（25）
11	0.2389	0.0421	0.0000	0.0060	0.0225	0.1077	0.0695（15）
12	0.0000	0.0000	0.0000	0.0000	0.0014	0.0132	0.0024（9）
13	0.0000	0.0000	0.0000	0.0000	0.0000	0.0000	0.0000（1）
14	0.0046	0.0000	0.0000	0.0000	0.0000	0.0000	0.0008（7）
15	0.2501	0.1369	0.1583	0.1404	0.1428	0.1223	0.1585（22）
16	0.7249	0.4236	0.3995	0.4343	0.4541	0.5679	0.5007（30）
17	0.0484	0.0144	0.0252	0.0215	0.0235	0.0134	0.0244（12）
18	0.1198	0.0882	0.0900	0.0642	0.0535	0.0120	0.0713（16）
19	0.0000	0.0000	0.0528	0.1573	0.3353	0.3432	0.1481（21）
20	0.2736	0.3917	0.4226	0.3976	0.4201	0.4147	0.3867（29）
21	0.0122	0.0000	0.0000	0.0000	0.0000	0.0000	0.0020（8）
22	0.1513	0.0899	0.1068	0.0816	0.0852	0.0352	0.0917（19）
23	0.2996	0.1997	0.1907	0.1593	0.1538	0.0733	0.1794（24）
24	0.4722	0.2362	0.2193	0.1537	0.1765	0.0763	0.2224（26）
25	0.3617	0.2632	0.2511	0.2350	0.2478	0.1840	0.2571（27）
26	0.1643	0.1152	0.1032	0.0745	0.0897	0.0296	0.0961（20）
27	0.0000	0.0000	0.0000	0.0000	0.0000	0.0000	0.0000（1）
28	0.2713	0.0289	0.1165	0.0442	0.0106	0.0000	0.0786（18）
29	0.0192	0.0000	0.0000	0.0000	0.0000	0.0000	0.0032（10）
30	0.0000	0.0000	0.0000	0.0000	0.0000	0.0000	0.0000（1）
均值	0.1855	0.0928	0.0904	0.0842	0.0917	0.0876	0.1054

根据对表4.4的观察，有5个行业在6年间始终保持产能利用率计算结果为0（由于本章提出的模型得到的产能利用率是成本型指标，计算结果为0代表产能实现充分利用），即达到了产能完全利用的状态，分别为行业1（农副食品加工业）、行业5（纺织业）、行业13（石油加工、炼焦和核燃料加工业）、行业27（计算机、通信和其他电子设备制造业）和行业30（废弃资源综合利用业）。根据对各行业2011~2016年产能利用率平均值的计算与其排名的分析，我们发现在产能利用方面表现较差的5个行业分别为行业16（化学纤维制造业）、行业20（有色金属冶炼和压延加工业）、行业4（烟草制品业）、行业25（铁路、船舶、航空航天和其他运输设备制造业）和行业24（汽车制造业）。

根据对各年产能利用率计算结果的平均值的计算，我们得到其走势图（图4.6）。可以看到，2011年的平均产能利用率水平明显高于其他年份，达到0.1855，此后各年间产能利用率水平在0.09左右小范围波动。由此看来，这与我国在2010年和2011年频繁发布的各行业去产能的指导政策密切相关。

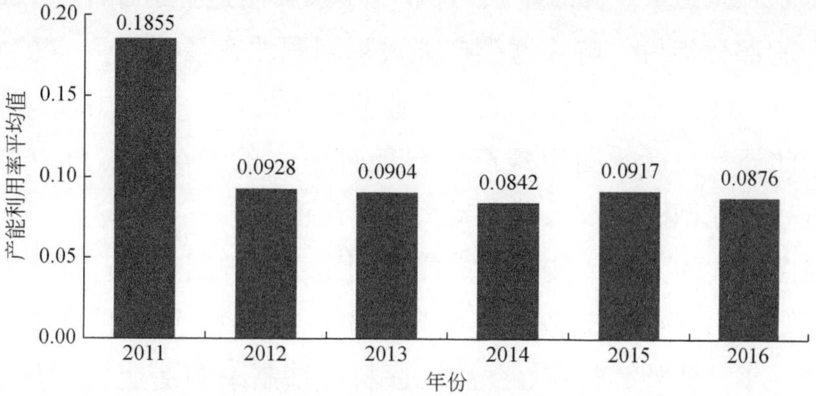

图4.6　产能利用率平均水平走势

本章提出的模型除了可以测度产能利用率的值以外，还可以通过可变投入对应的缩放因子的测度结果对可变投入的最优值进行测度，从而确定产能过剩单元的产能过剩类型。在此案例中，由于存在两类可变投入，可能出现三种类型的产能过剩：①绝对产能过剩，即只存在固定投入的过剩现象；②劳动力型产能过剩，即除了存在固定投入的过剩现象以外，劳动力要素的投入也存在过剩现象；③能源型产能过剩，即除了存在固定投入的过剩现象以外，能源要素的投入也存在过剩现象。模型（4.7）不考虑松弛变量的影响，无法直接通过缩放因子与实际可变投入量的乘积得到可变投入最优值，因此在计算过程中我们利用强度变量 v_j^* 和 μ_j^* 的最优值与参考集的可变投入值加权求和得到被评对象的可变投入最优值。通过计算，我们得到了 2011～2016 年三类产能过剩对应的行业，并绘制出如图 4.7～图 4.9 所示的分布图。

根据对图 4.7 的研究，可以发现绝对产能过剩频繁出现于 2011 年，在其他年份集中出现在个别行业，其中，行业 4（烟草制品业）、行业 24（汽车制造业）和行业 26（电气机械和器材制造业）在各年均存在绝对产能过剩问题，这说明，这 3 个行业存在的问题为固定资产的过量投入与可变投入的供给不足。解决这类产能过剩问题的途径在于，判断是否有拆除固定资产的必要，若有必要可按照国家要求对相应固定资产进行拆除；若无必要，则可通过适当地增加可变投入进一步释放固定投入的产出潜能，从而达到增产和提高产能利用率的效果。

根据对图 4.8 的观察，存在劳动力型产能过剩的行业属于极少数，仅仅存在于行业 6（纺织服装、服饰业）、行业 9（家具制造业）和行业 28（仪器仪表制造业）的部分年份。解决这类产能过剩问题的途径在于：一方面考虑固定资产拆除的可能性；另一方面，关注产业劳动力规模，一旦出现过剩，可进行适当清退；此外，在拆除固定资产的可能性不大的情况下，可以增加能源投入，从而进一步挖掘固定投入和劳动力的产出潜能。

根据对图 4.9 的分析，能源型产能过剩属于我国制造业产能过剩的主要类型，较大范围地出现在制造业的多个行业中，且 2011 年也是能源型产能过剩出现最多的一年。此外，行业 3（酒、饮料和精制茶制造业）、行业 10（造纸和纸制品业）、行业 15（医药制造业）、行业 16（化学纤维制造业）、行业 17（橡胶和塑料制品业）、行业 20（有色金属冶炼和压延加工业）、行业 22（通用设备制造业）、行业 23（专用设备制造业）和行业 25（铁路、船舶、航空航天和其他运输设备制造业）在 2011～2016 年均出现了能源型产能过剩现象。解决能源型产能过剩问题的途径在于：一方面，判断能否拆除固定资产并降低能源要素的投入；另一方面，在不能拆除固定资产的情况下增加劳动力投入，充分使用已有资源，从而提升产能利用率。

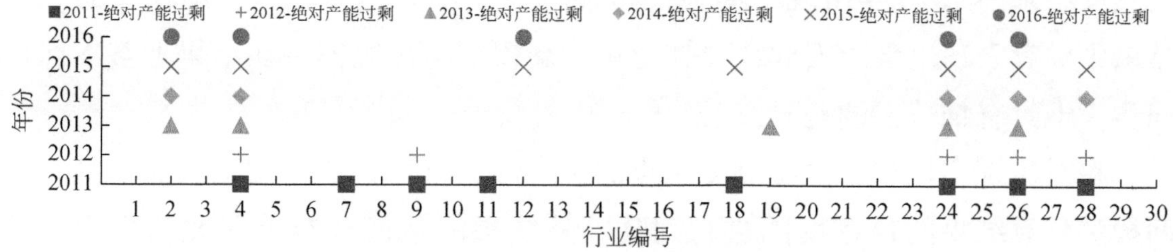

图 4.7　各年份绝对产能过剩行业分布

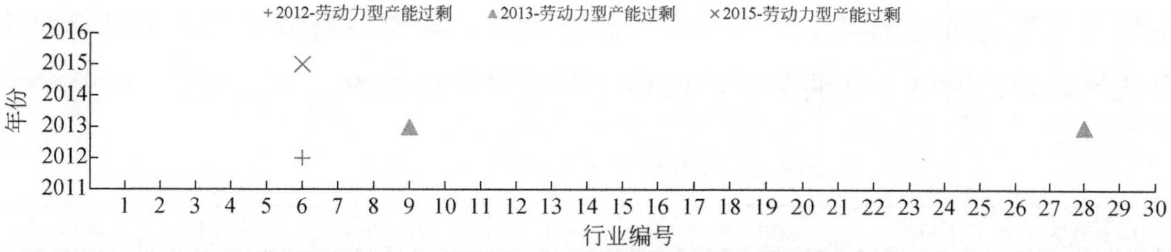

图 4.8　各年份劳动力型产能过剩行业分布

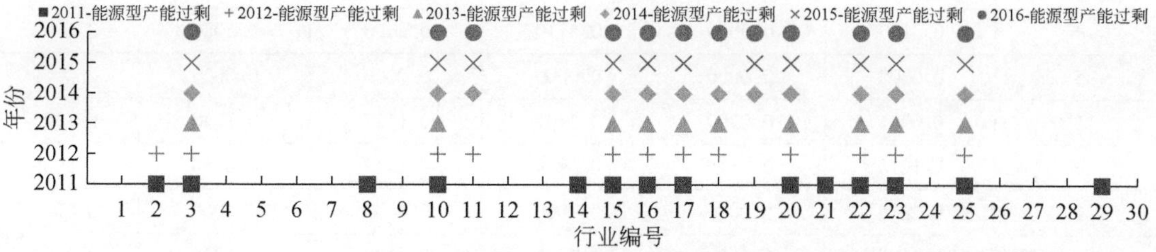

图 4.9　各年份能源型产能过剩行业分布

本章提出的模型引入了非期望产出，与传统模型在功能上有明显不同，因此有必要对比新模型与传统模型在实证中的表现差别。我们采用第 3 章中介绍的基于 DEA 方法的传统产能利用率测度模型，以资产总计、劳动力和能源消耗总量为投入，以工业总产值为产出，采用相同的数据集，对中国制造业的产能利用率进行新一轮的计算。因为传统模型采用乘性模型，得到的产能利用率为效益型指标，即越大越好，所以这里我们用 1 减去传统模型求得的结果得到传统模型的最终产能利用率，见表 4.5。从结果来看，行业 1、行业 5、行业 27 和行业 30 在 2011 ~ 2016 年连续保持产能充分利用，与新模型计算结果保持一致；从均值来看，2011 年的产能利用率结果最高且明显高于其他年份，剩余年份的产能利用率处于小幅波动状态，与新模型保持一致；然而，传统模型的测度结果中 2016 年出现了明显的产能利用率回升趋势，这在新模型的计算结果中没有表现出来。因此，总体上讲，新模型与传统模型在结果上基本保持同步，但具有细节上的差异。

在对传统模型和新模型测度结果的一致性进行分析的基础上，我们继续对两模型计算结果的核密度图进行对比，从结果的数值分布上研究两模型的差异，见图 4. 10。从图 4. 10 中我们可以看出，相比于传统模型，新模型的计算结果在 0 周围分布更为密集，这种现象出现在 2012 ~ 2016 年，2011 年新模型结果的分布相对传统模型更加分散。总体上看，新模型与传统模型的计算结果有明显差异，所以，非期望产出的引入是非常有必要的。

表 4. 5　传统模型的产能利用率测度结果

行业编号	2011 年	2012 年	2013 年	2014 年	2015 年	2016 年
1	0. 0000	0. 0000	0. 0000	0. 0000	0. 0000	0. 0000
2	0. 1184	0. 0100	0. 0139	0. 0283	0. 0295	0. 0244
3	0. 2236	0. 1295	0. 1289	0. 1370	0. 1577	0. 1904
4	0. 6130	0. 5050	0. 5110	0. 5050	0. 5080	0. 6050
5	0. 0000	0. 0000	0. 0000	0. 0000	0. 0000	0. 0000
6	0. 0956	0. 0909	0. 1107	0. 1127	0. 1140	0. 1323
7	0. 1250	0. 0614	0. 0909	0. 1042	0. 0760	0. 1000
8	0. 2286	0. 0000	0. 0000	0. 0000	0. 0000	0. 0000
9	0. 4240	0. 1903	0. 2364	0. 1170	0. 1039	0. 1622
10	0. 1464	0. 0933	0. 1066	0. 1141	0. 1449	0. 1780
11	0. 3731	0. 0644	0. 1202	0. 1272	0. 1204	0. 1791
12	0. 0000	0. 1380	0. 1260	0. 1230	0. 1160	0. 1500
13	0. 1310	0. 1540	0. 1970	0. 1920	0. 3140	0. 3730
14	0. 0432	0. 0314	0. 0330	0. 0340	0. 0890	0. 1010
15	0. 1545	0. 1355	0. 1727	0. 2064	0. 2334	0. 2855
16	0. 4213	0. 2485	0. 2373	0. 2604	0. 2810	0. 3329
17	0. 1105	0. 0595	0. 1298	0. 1122	0. 1209	0. 1248
18	0. 1528	0. 1038	0. 1140	0. 1040	0. 1190	0. 1003
19	0. 0000	0. 0190	0. 0780	0. 1653	0. 2605	0. 2605
20	0. 1122	0. 1605	0. 2158	0. 2257	0. 3152	0. 3300
21	0. 0105	0. 0000	0. 0000	0. 0000	0. 0000	0. 0000
22	0. 0506	0. 0311	0. 0561	0. 0494	0. 0482	0. 0316
23	0. 1043	0. 1417	0. 1669	0. 1882	0. 1734	0. 1726

续表

行业编号	2011年	2012年	2013年	2014年	2015年	2016年
24	0.3240	0.2280	0.2110	0.1690	0.1830	0.1210
25	0.2586	0.2673	0.2698	0.2380	0.2496	0.2913
26	0.1408	0.1089	0.0976	0.0868	0.0989	0.0706
27	0.0000	0.0000	0.0000	0.0000	0.0000	0.0000
28	0.4875	0.3145	0.3205	0.3224	0.3276	0.3997
29	0.3896	0.0000	0.0000	0.0000	0.0000	0.0000
30	0.0000	0.0000	0.0000	0.0000	0.0000	0.0000
均值	0.1746	0.1096	0.1248	0.1241	0.1395	0.1572

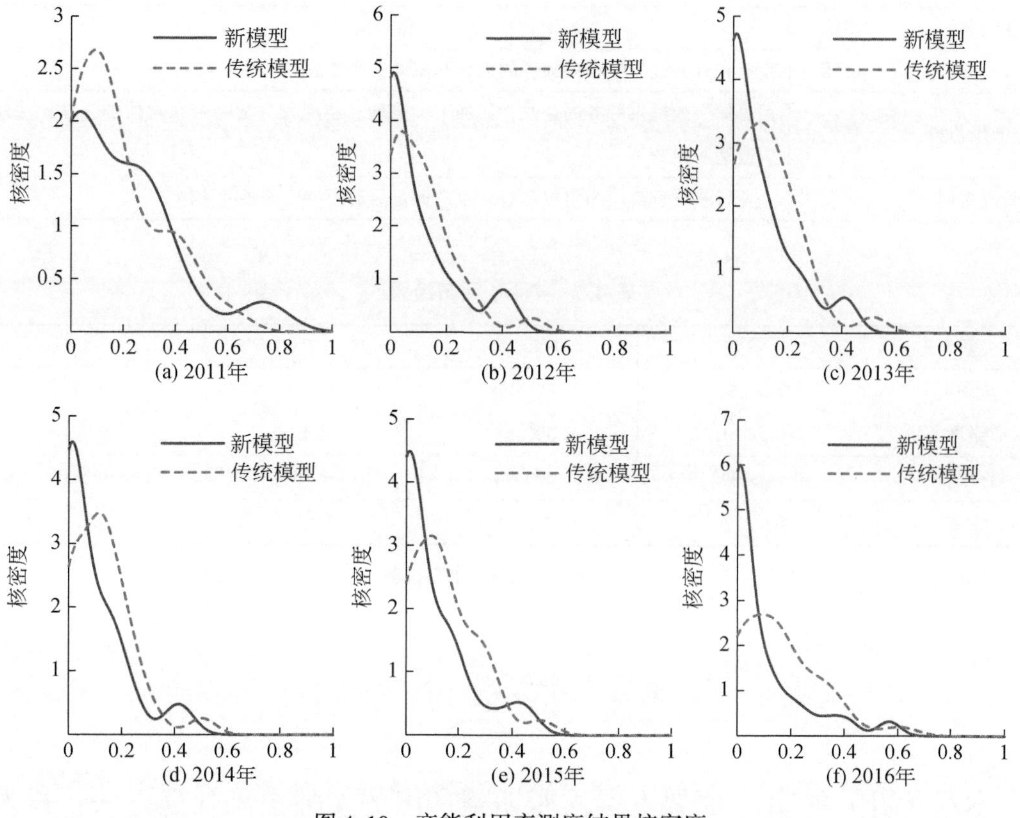

图4.10　产能利用率测度结果核密度

最后，我们从制造业投入产出系统以外着眼，研究外部环境变量对产能利用率的影响。我们从经济周期性循环、经济政策和产业自身管理水平三个维度，选择流动资产、应缴增值税和管理费用作为以上三个维度的替代指标，从《中国统计年鉴》中收集相应的数据，相应的指标解释见表4.6。这里我们采用 Tobit 回归方法作为研究外部环境变量对产能利用率影响的分析工具，因为该方法属于截断回归方法中的一种，适用于因变量是连续截断的情形，具体的回归结果见表 4.7。可以发现，流动资产与产能利用率测度结果（成本型指标）之间存在显著正相关关系，管理费用与产能利用率之间存在显著负相关关系，而应缴增值税与产能利用率之间不存在显著的相关关系。因此，经济周期性波动与产业管理水平对产能利用率具有明显的影响作用，并且较高的利率水平（对应于低水平的流动资产）和较高的管理费用会对产业的产能利用率提升起到促进作用。

表 4.6　Tobit 回归中环境变量的指标解释

变量名称	单位	指标解释
流动资产	亿元	企业在日常经营活动中提供的现金和流动资产的总额
应缴增值税	亿元	销售货物或提供劳务的企业，如加工、修理、装配等为货物带来增值的，按税法规定应缴纳的税款
管理费用	亿元	企业行政管理部门为组织和管理生产运营活动而产生的各种费用

表 4.7　Tobit 回归结果

变量名称	参数	标准差	z	$P>\|z\|$
流动资产	0.0000254 ***	0.00000687	3.69	0.000
应缴增值税	-0.0000122	0.0000581	-0.21	0.834
管理费用	-0.0002832 ***	0.0000748	-3.79	0.000
常数项	0.0742339 **	0.0282561	2.63	0.009

* 为 0.05 水平显著；** 为 0.01 水平显著；*** 为 0.001 水平显著

4.4　本章小结

本章介绍了在 DEA 框架下引入非期望产出的 4 种主流处理方法：投入处理法、转换函数处理法、弱可处置性处理法和 By-production 处理法，并基于弱可处置性和方向距离函数提出了考虑非期望产出的产能利用率测度方法。该方法首先在投入指标划分为固定投入和可变投入的基础上，利用方向距离函数识别被评对象的有效产出水平；其次放松对可变投入的约束，从而获得被评对象的产能产出水平；最后根据有效产出与产能产出的比值得到产能利用率。

在实证应用上，以我国制造业 30 个二级子行业为研究对象，选用常用的投入、产出指数开展研究。我国制造业的投入产出数据显示，制造业的资产和工业总产值平均水平在研究时段内保持稳步增长的态势；劳动力、能源消耗总量和 CO_2 排放量均出现了先缓速增长后轻微下降的趋势；石油加工、炼焦和核燃料加工业，化学原料和化学制品制造业，黑色金属冶炼和压延加工业，有色金属冶炼和压延加工业，金属制品业存在较为严重的资本密集、能源密集和碳排放问题。

实证研究的结果表明，我国制造业 30 个子行业的平均产能利用率在 2011 年明显高于其他年份，此后各年间产能利用率水平出现小范围波动趋势；能源型产能过剩是我国制造业产能过剩的主要类型；农副食品加工业，纺织业，石油加工、炼焦和核燃料加工业，计算机、通信和其他电子设备制造业，废弃资源综合利用业在 2011 ~ 2016 年产能得到了充分利用，而化学纤维制造业，有色金属冶炼和压延加工业，烟草制品业，铁路、船舶、航空航天和其他运输设备制造业，汽车制造业在产能利用方面表现较差；本章提出的新模型与传统模型在实证研究结果上保持总体趋势的一致性，但在细节上存在明显差异；经济周期性波动与产业管理水平对产能利用率具有明显的影响作用，较高的利率水平和较高的管理费用会对产业的产能利用率提升起到促进作用。

本章提出的新模型为存在非期望产出时的产能利用率测度提供了新的分析框架，且实证研究结果为我国制造业了解自身资源配置和产能利用率情况提供了有价值的信息，同时也为产业监管部门制定合理的去产能政策以及引导产业良性发展提供了指导和借鉴。

第 5 章　基于 DEA 的动态产能利用变化率测度方法

基于前沿面技术的产能利用率测度方法近年来成为产能利用率测度的主流方法且在众多领域得到了应用，其中以基于 DEA 的测度方法的应用最为广泛。然而，基于 DEA 方法的传统产能利用率测度模型没有考虑非期望产出的存在，且无法解决由 DEA 方法带来的测度结果跨期不可比问题。在 DEA 方法领域内，已有一些成熟的适用于不同场景的生产率指数，解决了基于 DEA 方法的效率跨期演化问题，并受到了众多学者的关注。本章将在介绍不同生产率指数的基础上，拓展基于 DEA 的产能利用率测度体系，提出存在非期望产出情景下的动态产能利用变化率测度模型并进行实证研究。

本章内容的安排如下：5.1 节介绍 5 种成熟的生产率指数及其分解技术；5.2 节借鉴已有的 Luenberger 生产率指数的构造和分解方法，将产能利用率测度方法拓展为动态产能利用变化率模型，并构造相应的分解成分；5.3 节针对 5.2 节中提出的模型可能存在的不可解问题，应用全局技术对模型进行改造；5.4 节以中国制造业为研究对象，采用 5.2 节和 5.3 节中提出的模型开展实证研究并进行比较；5.5 节简要总结本章。

5.1　基于 DEA 的动态绩效测度模型

DEA 方法对效率的测度属于相对测度，原因在于被评对象的效率（绩效）是由与同组内其他被评对象的比较而得的。因此，有效单元在与其他参考集进行比较时可能非有效，而非有效单元在与其他参考集相比较时也可能有效。这种相对测度也被称为静态测度，因为通常参考集是某一时点的数据，基于不同时点参考集得到的静态效率值之间没有可比性。与相对测度相对的是绝对测度，随着相对测度的局限性不断暴露，一种从一定时长角度出发衡量被评对象动态绩效的测度方法应运而生，在衡量政策或行为的长期效果方面得到了较好的应用（Chang et al.，2009；Kao，2000）。

本节中，我们将介绍 5 种常用的动态绩效测度模型，即 Malmquist 生产率指数、Luenberger 生产率指数、Malmquist- Luenberger 生产率指数、Global Malmquist 生产率指数和 Global Malmquist- Luenberger 生产率指数。其中，Malmquist 生产率指数建立在径向距离函数的基础之上，可以分为投入导向和产出导向两种，Luenberger 生产率指数和 Malmquist-Luenberger 生产率指数则是建立在方向距离函数基础上，同时考虑了投入和产出（或期望产出与非期望产出）的改进。剩余两种指数则是在前两种指数的基础上，为了解决不可解和不循环问题而提出的。

5.1.1　Malmquist 生产率指数

Malmquist 生产率指数最早是由 Caves 等（1982）为了比较不同时间或不同对象的生产率而提出的，并且借鉴了 Malmquist（1953）中通过距离函数（Shephard，1970）的比值建立量化指数的思想。

首先，我们对投入指数或产出指数进行介绍。从投入的角度，假设 DMU_p 可以将投入 $\boldsymbol{X}^p \geqslant \boldsymbol{0}$ 转化为产出 $\boldsymbol{Y}^p \geqslant \boldsymbol{0}$，则生产可能集可以表示为 $T^p = \{(\boldsymbol{X}^p,\ \boldsymbol{Y}^p)\ |\boldsymbol{X}^p$ 能转化为$\boldsymbol{Y}^p\}$。因此，关于 DMU_p 的投入距离函数被定义为

$$D_I^p(\boldsymbol{X}^p,\boldsymbol{Y}^p)=\min\{\vartheta\,|\,(\vartheta\,\boldsymbol{X}^p,\boldsymbol{Y}^p)\in T^p\} \tag{5.1}$$

因此，关于 DMU_p 的 Malmquist 投入指数可以定义为

$$M_I^p(\boldsymbol{X}^p,\boldsymbol{X}^q)=\frac{D_I^p(\boldsymbol{X}^p,\boldsymbol{Y}^p)}{D_I^p(\boldsymbol{X}^q,\boldsymbol{Y}^p)} \tag{5.2}$$

这体现了 DMU_p 与 DMU_q 之间投入变量的相对差异，其中 D_I^p（$\boldsymbol{X}^q$，$\boldsymbol{Y}^p$）是以 DMU_q 的投入与 DMU_p 的产出求解的距离函数。

从产出的角度，关于 DMU_p 的产出距离函数被定义为

$$D_O^p(\boldsymbol{X}^p,\boldsymbol{Y}^p)=[\max\{\varphi\,|\,(\boldsymbol{X}^p,\varphi\,\boldsymbol{Y}^p)\in T^p\}]^{-1} \tag{5.3}$$

在此基础上，关于 DMU_p 的 Malmquist 产出指数可以定义为

$$M_O^p(\boldsymbol{Y}^p,\boldsymbol{Y}^q)=\frac{D_O^p(\boldsymbol{X}^p,\boldsymbol{Y}^p)}{D_O^p(\boldsymbol{X}^p,\boldsymbol{Y}^q)} \tag{5.4}$$

该指数用于衡量 DMU_p 与 DMU_q 之间产出变量的相对差异，其中 D_O^p（$\boldsymbol{X}^p$，$\boldsymbol{Y}^q$）是以 DMU_q 的产出与 DMU_p 的投入求解的距离函数。

除了投入指数和产出指数外，为了测度不同 DMU 的生产率变动，Caves 等（1982）还从投入和产出的角度定义了两类生产率指数。其中，基于投入的 Malmquist 生产率指数可以定义为

$$\mathrm{MPI}_I^p(\boldsymbol{X}^p,\boldsymbol{Y}^p,\boldsymbol{X}^q,\boldsymbol{Y}^q)=\frac{D_I^p(\boldsymbol{X}^q,\boldsymbol{Y}^q)}{D_I^p(\boldsymbol{X}^p,\boldsymbol{Y}^p)} \tag{5.5}$$

其中，$D_I^p(\boldsymbol{X}^q,\ \boldsymbol{Y}^q)$ 是以 DMU_p 所在时期的参考集为依据并采用 DMU_q 的投入产出得到的投入距离函数。具体地，当 $\mathrm{MPI}_I^p(\boldsymbol{X}^p,\ \boldsymbol{Y}^p,\ \boldsymbol{X}^q,\ \boldsymbol{Y}^q)\geqslant 1$ 时，说明 DMU_q 的生产率高于 DMU_p。

基于产出的 Malmquist 生产率指数可以定义为

$$\mathrm{MPI}_O^p(\boldsymbol{X}^p,\boldsymbol{Y}^p,\boldsymbol{X}^q,\boldsymbol{Y}^q)=\frac{D_O^p(\boldsymbol{X}^q,\boldsymbol{Y}^q)}{D_O^p(\boldsymbol{X}^p,\boldsymbol{Y}^p)} \tag{5.6}$$

类似地，其中 $D_O^p(\boldsymbol{X}^q,\ \boldsymbol{Y}^q)$ 是以 DMU_p 所在时期的参考集为依据并采用 DMU_q 的投入产出得到的产出距离函数。

Färe 等（1994）最早利用 DEA 方法来计算两个不同时期的 Malmquist 生产率指数值，且将如式（5.5）和式（5.6）中的 p 和 q 改写为两个时期 t 和 $t+1$，至此，跨期的 Malmquist 生产率得到了定义，以产出导向为例：

$$\mathrm{MPI}_O^t(\boldsymbol{X}^t,\boldsymbol{Y}^t,\boldsymbol{X}^{t+1},\boldsymbol{Y}^{t+1})=\frac{D_O^t(\boldsymbol{X}^{t+1},\boldsymbol{Y}^{t+1})}{D_O^t(\boldsymbol{X}^t,Y^t)} \tag{5.7}$$

Caves 等（1982）指出，Malmquist 生产率指数同样可以基于 $t+1$ 期的生产可能集构造，所以 Färe 等（1994）给出了 Malmquist 生产率指数的另一种定义：

$$\mathrm{MPI}_O^{t+1}(\boldsymbol{X}^t,\boldsymbol{Y}^t,\boldsymbol{X}^{t+1},\boldsymbol{Y}^{t+1})=\frac{D_O^{t+1}(\boldsymbol{X}^{t+1},\boldsymbol{Y}^{t+1})}{D_O^{t+1}(\boldsymbol{X}^t,\boldsymbol{Y}^t)} \tag{5.8}$$

其中距离函数都是以 $t+1$ 期的生产可能集为参考计算的。由此，出现了跨期效率演化指数中的常见问题，即不一致问题。为了避免在不同时期之间进行选择导致的生产率求解不一致现象，Färe 等（1994）提出使用几何平均值作

为最终的 Malmquist 生产率指数：

$$\mathrm{MPI}_O(\boldsymbol{X}^t,\boldsymbol{Y}^t,\boldsymbol{X}^{t+1},\boldsymbol{Y}^{t+1})=\left[\frac{D_O^t(\boldsymbol{X}^{t+1},\boldsymbol{Y}^{t+1})}{D_O^t(\boldsymbol{X}^t,\boldsymbol{Y}^t)}\times\frac{D_O^{t+1}(\boldsymbol{X}^{t+1},\boldsymbol{Y}^{t+1})}{D_O^{t+1}(\boldsymbol{X}^t,\boldsymbol{Y}^t)}\right]^{1/2} \tag{5.9}$$

此指数的构造同时也为其分解提供了便利，通过对式（5.9）右侧各项的重新组合，可以对该指数进行如下分解：

$$\mathrm{MPI}_O(\boldsymbol{X}^t,\boldsymbol{Y}^t,\boldsymbol{X}^{t+1},\boldsymbol{Y}^{t+1})=\left[\frac{D_O^{t+1}(\boldsymbol{X}^{t+1},\boldsymbol{Y}^{t+1})}{D_O^t(\boldsymbol{X}^t,\boldsymbol{Y}^t)}\right]\times\left[\frac{D_O^t(\boldsymbol{X}^{t+1},\boldsymbol{Y}^{t+1})}{D_O^{t+1}(\boldsymbol{X}^{t+1},\boldsymbol{Y}^{t+1})}\times\frac{D_O^t(\boldsymbol{X}^t,\boldsymbol{Y}^t)}{D_O^{t+1}(\boldsymbol{X}^t,\boldsymbol{Y}^t)}\right]^{1/2} \tag{5.10}$$

其中，等号右侧第一项为效率变化指数，表示两期之间被评对象自身生产活动向生产前沿面逼近的程度，即追赶前沿面的程度；第二项为技术改进，表示两期之前生产前沿面向外的扩张程度。因此，Malmquist 生产率指数可以看作效率变化和技术改进两项的乘积。

考虑到篇幅原因，这里涉及的距离函数以及基于投入的 Malmquist 生产率及其分解就不再展开进行介绍，更多具体的解释见 Färe 等（1994）的研究。

5.1.2　Luenberger 生产率指数

上述 Malmquist 生产率指数建立在距离函数的基础上，距离函数分为投入型和产出型两种，分别旨在确定投入的最大收缩程度和产出的最大扩张程度。然而，距离函数的计算要求产出或投入是固定的。方向距离函数的提出打破了这一限制，满足投入和产出同时变化的需求，在此基础上 Luenberger 生产率指数应运而生，用以测度不同时期之间的生产率变化（Chambers et al., 1996; Chambers and Pope, 1996）。

假设一组决策单元可以将投入 $\boldsymbol{X}\in\boldsymbol{R}_+^m$ 转化为产出 $\boldsymbol{Y}\in R_+^s$，则 t 期的生产可能集可以表示为 $T^t=\{(\boldsymbol{X}^t,\ \boldsymbol{Y}^t)\ |\boldsymbol{X}^t$ 能转化为 $\boldsymbol{Y}^t\}$。方向距离函数最早由 Chambers 等（1996）提出，可以在确定方向向量 $\boldsymbol{g}=(-g^X,\ g^Y)$ 的条件下实现决策单元投入和产出的成比例调整，具体可以定义为

$$D^t(\boldsymbol{X}^t,\boldsymbol{Y}^t;\boldsymbol{g})=\sup\{\delta\,|\,(\boldsymbol{X}^t-\delta g^X,\boldsymbol{Y}^t+\delta g^Y)\in T^t\} \tag{5.11}$$

这里方向向量的选择并不唯一，可根据研究问题的特征自由选定，常用的方向向量有单位向量、投入或产出向量本身等。根据 Chambers 等（1996）的

介绍，基于 t 期生产可能集的 Luenberger 生产率指数可以定义为

$$L^t(\boldsymbol{X}^t,\boldsymbol{Y}^t,\boldsymbol{g}^t,\boldsymbol{X}^{t+1},\boldsymbol{Y}^{t+1},\boldsymbol{g}^{t+1})=D^t(\boldsymbol{X}^t,\boldsymbol{Y}^t,\boldsymbol{g}^t)-D^t(\boldsymbol{X}^{t+1},\boldsymbol{Y}^{t+1},\boldsymbol{g}^{t+1}) \quad (5.12)$$

具体地，当 $L^t(\boldsymbol{X}^t, \boldsymbol{Y}^t, \boldsymbol{g}^t, \boldsymbol{X}^{t+1}, \boldsymbol{Y}^{t+1}, \boldsymbol{g}^{t+1})>0$ 时，代表被评对象的生产率从 t 期到 $t+1$ 期有所改进，否则说明其生产率保持原状或有所退步。Luenberger 生产率指数的定义解决了 Malmquist 生产率指数的不循环问题，因为 Luenberger 生产率定义属于加性定义，则 $L^t(\boldsymbol{X}^t, \boldsymbol{Y}^t, \boldsymbol{g}^t, \boldsymbol{X}^{t+1}, \boldsymbol{Y}^{t+1}, \boldsymbol{g}^{t+1})+L^t(\boldsymbol{X}^{t+1}, \boldsymbol{Y}^{t+1}, \boldsymbol{g}^{t+1}, \boldsymbol{X}^{t+2}, \boldsymbol{Y}^{t+2}, \boldsymbol{g}^{t+2})=L^t(\boldsymbol{X}^t, \boldsymbol{Y}^t, \boldsymbol{g}^t, \boldsymbol{X}^{t+2}, \boldsymbol{Y}^{t+2}, \boldsymbol{g}^{t+2})$ 恒成立。

与 Malmquist 生产率指数类似，Luenberger 生产率指数也存在参考集不同带来的不一致问题，因此 Chambers 等（1996）提出利用不同基期对应指数的算数平均值的方式定义最终的 Luenberger 生产率指数，如下：

$$\mathrm{LPI}(\boldsymbol{X}^t, \boldsymbol{Y}^t, \boldsymbol{g}^t, \boldsymbol{X}^{t+1}, \boldsymbol{Y}^{t+1}, \boldsymbol{g}^{t+1})=\frac{1}{2}\begin{bmatrix} L^t(\boldsymbol{X}^t, \boldsymbol{Y}^t, \boldsymbol{g}^t, \boldsymbol{X}^{t+1}, \boldsymbol{Y}^{t+1}, \boldsymbol{g}^{t+1})+ \\ L^{t+1}(\boldsymbol{X}^t, \boldsymbol{Y}^t, \boldsymbol{g}^t, \boldsymbol{X}^{t+1}, \boldsymbol{Y}^{t+1}, \boldsymbol{g}^{t+1}) \end{bmatrix} \quad (5.13)$$

此外，对式（5.13）右侧进行展开和重新组合，可以得到 Luenberger 生产率指数的分解，如下：

$$\begin{aligned}\mathrm{LPI}(\boldsymbol{X}^t,\boldsymbol{Y}^t,\boldsymbol{g}^t,\boldsymbol{X}^{t+1},\boldsymbol{Y}^{t+1},\boldsymbol{g}^{t+1})=&[D^t(\boldsymbol{X}^t,\boldsymbol{Y}^t,\boldsymbol{g}^t)-D^{t+1}(\boldsymbol{X}^{t+1},\boldsymbol{Y}^{t+1},\boldsymbol{g}^{t+1})]\\ &+\frac{1}{2}\left\{\begin{matrix}[D^{t+1}(\boldsymbol{X}^t,\boldsymbol{Y}^t,\boldsymbol{g}^t)-D^t(\boldsymbol{X}^t,\boldsymbol{Y}^t,\boldsymbol{g}^t)]+\\ [D^{t+1}(\boldsymbol{X}^{t+1},\boldsymbol{Y}^{t+1},\boldsymbol{g}^{t+1})-D^t(\boldsymbol{X}^{t+1},\boldsymbol{Y}^{t+1},\boldsymbol{g}^{t+1})]\end{matrix}\right\}\end{aligned} \quad (5.14)$$

其中，等号右侧第一项为效率变化，体现从 t 期到 $t+1$ 期决策单元生产活动追赶生产前沿面的程度；第二项为技术改进，体现从 t 期到 $t+1$ 期生产前沿面对应生产技术的改进程度。因此，Luenberger 生产率指数可以看作效率变化和技术改进两项的和。Luenberger 生产率的计算涉及四个方向距离函数的计算，这里也不对相应的线性规划模型进行展开介绍。

由于 Luenberger 生产率指数通过方向距离函数进行构造，则实现期望产出增长与非期望产出同时减少的方向距离函数同样可以构造 Luenberger 生产率指数，这里我们仅以投入与产出同时调整的情况为例说明 Luenberger 生产率指数的定义与分解。在实证和理论研究中，同样存在着众多应用 Luenberger 生产率

指数研究动态环境效率演化的文章。

5.1.3 Malmquist-Luenberger 生产率指数

Luenberger 生产率指数属于通过方向距离函数建立的加性测度生产率指数，除此之外，Chung 等（1997）通过两个方向距离函数分别加一并求商的方式定义了另一生产率指数，这一指数采用乘性定义，因此命名为 Malmquist-Luenberger 生产率指数，具体如下：

$$\mathrm{MLPI}^t(\boldsymbol{X}^t,\boldsymbol{Y}^t,\boldsymbol{g}^t,\boldsymbol{X}^{t+1},\boldsymbol{Y}^{t+1},\boldsymbol{g}^{t+1})=\frac{1+D^t(\boldsymbol{X}^t,\boldsymbol{Y}^t,\boldsymbol{g}^t)}{1+D^t(\boldsymbol{X}^{t+1},\boldsymbol{Y}^{t+1},\boldsymbol{g}^{t+1})} \tag{5.15}$$

具体地，式（5.15）中的生产率以 t 期被评对象为参考集，同样可以变更参考集为 $t+1$ 期，因此同样存在参考时期不同带来的不一致问题。从结果上来看，当 MLPI^t（$\boldsymbol{X}^t$，$\boldsymbol{Y}^t$，$\boldsymbol{g}^t$，$\boldsymbol{X}^{t+1}$，$\boldsymbol{Y}^{t+1}$，$\boldsymbol{g}^{t+1}$）>1 时，代表被评对象的生产率从 t 期到 $t+1$ 期有所改进，否则说明其生产率保持原状或有所退步。为了解决不一致问题，我们进一步定义 Malmquist-Luenberger 生产率指数为以 t 期和 $t+1$ 期为基期的两个生产率的几何平均值，具体如下：

$$\mathrm{MLPI}(\boldsymbol{X}^t,\boldsymbol{Y}^t,\boldsymbol{g}^t,\boldsymbol{X}^{t+1},\boldsymbol{Y}^{t+1},\boldsymbol{g}^{t+1})=\begin{bmatrix}\mathrm{MLPI}^t(\boldsymbol{X}^t,\boldsymbol{Y}^t,\boldsymbol{g}^t,\boldsymbol{X}^{t+1},\boldsymbol{Y}^{t+1},\boldsymbol{g}^{t+1})\times\\ \mathrm{MLPI}^{t+1}(\boldsymbol{X}^t,\boldsymbol{Y}^t,\boldsymbol{g}^t,\boldsymbol{X}^{t+1},\boldsymbol{Y}^{t+1},\boldsymbol{g}^{t+1})\end{bmatrix}^{1/2} \tag{5.16}$$

类似地，对式（5.16）中等号右侧进行展开并调换位置，可以进一步得到该指数的分解形式：

$$\begin{aligned}\mathrm{MLPI}^t(\boldsymbol{X}^t,\boldsymbol{Y}^t,\boldsymbol{g}^t,\boldsymbol{X}^{t+1},\boldsymbol{Y}^{t+1},\boldsymbol{g}^{t+1})&=\frac{1+D^t(\boldsymbol{X}^t,\boldsymbol{Y}^t,\boldsymbol{g}^t)}{1+D^{t+1}(\boldsymbol{X}^{t+1},\boldsymbol{Y}^{t+1},\boldsymbol{g}^{t+1})}\\ &\times\left[\left(\frac{1+D^{t+1}(\boldsymbol{X}^{t+1},\boldsymbol{Y}^{t+1},\boldsymbol{g}^{t+1})}{1+D^t(\boldsymbol{X}^{t+1},\boldsymbol{Y}^{t+1},\boldsymbol{g}^{t+1})}\right)\times\left(\frac{1+D^{t+1}(\boldsymbol{X}^t,\boldsymbol{Y}^t,\boldsymbol{g}^t)}{1+D^t(\boldsymbol{X}^t,\boldsymbol{Y}^t,\boldsymbol{g}^t)}\right)\right]^{1/2}\end{aligned} \tag{5.17}$$

等号右侧第一项为效率变化，第二项为技术改进。同样，这里需要进行四次方向距离函数的测度，详细的线性规划模型不再展开说明。此处，我们同样仅以同时增加产出和减少投入为例，解释 Malmquist-Luenberger 生产率指数的构造和分解。除此之外，根据方向距离函数的定义不同，此生产率指数同样可以应用在同时增加期望产出和减少非期望产出的实例中。

5.1.4 Global Malmquist 生产率指数

Malmquist 生产率指数采用几何平均形式的定义来化解不同参考时期带来的不一致问题，然而这种定义不能解决跨期效率测度可能存在的不可解问题以及不循环问题，因此 Pastor 和 Lovell（2005）采用全局技术定义了新的生产率指数，即 Global Malmquist 生产率指数。全局技术的核心思想是采用所有时期的观测值构建全局生产可能集，并以此为参考集测度各时期的效率与生产率。

在全局技术框架下，假设共有 T 期，则在规模收益可变假设下，关于 DMU_0 第 k 期的全局产出距离函数 $D_O^G(X_0^k,\ Y_0^k)$ 可以展开为如下线性规划模型：

$$D_O^G(\boldsymbol{X}_0^k,\ \boldsymbol{Y}_0^k)=\max\left\{\varphi\ \middle|\ \begin{array}{l}\sum\limits_{t=1}^{T}\sum\limits_{j=1}^{n}\lambda_j^t X_{ij}^t\leqslant X_{i0}^k,\ i=1,\ 2,\ \cdots,\ m\\ \sum\limits_{t=1}^{T}\sum\limits_{j=1}^{n}\lambda_j^t Y_{rj}^t\geqslant \varphi Y_{r0}^k,\ r=1,\ 2,\ \cdots,\ s\\ \sum\limits_{t=1}^{T}\sum\limits_{j=1}^{n}\lambda_j^t=1,\ \lambda_j^t\geqslant 0,\ j=1,\ 2,\ \cdots,\ n\\ \varphi\ \text{free}\end{array}\right\} \tag{5.18}$$

由于所有观察点都被用来构造前沿面，则 $D_O^G(\boldsymbol{X}_0^k,\ \boldsymbol{Y}_0^k)$ 始终可行，且 $\varphi\geqslant 1$。因此，t 期到 $t+1$ 期的 Global Malmquist 生产率指数可以被定义为

$$\mathrm{GMPI}_O(\boldsymbol{X}^t,\boldsymbol{Y}^t,\boldsymbol{X}^{t+1},\boldsymbol{Y}^{t+1})=\frac{D_O^G(\boldsymbol{X}^{t+1},\boldsymbol{Y}^{t+1})}{D_O^G(\boldsymbol{X}^t,\boldsymbol{Y}^t)} \tag{5.19}$$

当 $\mathrm{GMPI}_O(\boldsymbol{X}^t,\ \boldsymbol{Y}^t,\ \boldsymbol{X}^{t+1},\ \boldsymbol{Y}^{t+1})>1$ 时，说明被评对象的生产率从 t 期到 $t+1$ 期有所改进，否则说明其生产率保持原状或有所退步。由于该模型始终采用唯一的全局生产前沿面，所以不存在不可解、不一致和不循环问题。

对式（5.19）右侧进行变换，可以得到该生产率指数的分解：

$$\mathrm{GMPI}_O(\boldsymbol{X}^t,\boldsymbol{Y}^t,\boldsymbol{X}^{t+1},\boldsymbol{Y}^{t+1})=\frac{D_O^{t+1}(\boldsymbol{X}^{t+1},\boldsymbol{Y}^{t+1})}{D_O^t(\boldsymbol{X}^t,\boldsymbol{Y}^t)}\times\left[\frac{D_O^G(\boldsymbol{X}^{t+1},\boldsymbol{Y}^{t+1})}{D_O^{t+1}(\boldsymbol{X}^{t+1},\boldsymbol{Y}^{t+1})}\times\frac{D_O^t(\boldsymbol{X}^t,\boldsymbol{Y}^t)}{D_O^G(\boldsymbol{X}^t,\boldsymbol{Y}^t)}\right] \tag{5.20}$$

式（5.20）中，等号右侧第一项表示效率变化，第二项表示技术改进。这

里仅以产出导向为例介绍该生产率指数的构造与分解，对于投入导向不再赘述。

5.1.5　Global Malmquist-Luenberger 生产率指数

Malmquist-Luenberger 生产率指数采用几何平均值定义，解决了不一致问题，但同样没有解决跨期效率测度可能带来的不可解问题以及不循环问题，为此 Oh（2010）采用全局技术提出了 Global Malmquist-Luenberger 生产率指数。

在全局技术中，以所有期生产可能集的并集为全局生产可能集，在规模收益可变假设前提下，关于 DMU_0 第 k 期的全局方向距离函数 $D^G(\boldsymbol{X}_0^k,\ \boldsymbol{Y}_0^k,\ \boldsymbol{g}_0^k)$ 可以展开为如下线性规划模型：

$$D^G(\boldsymbol{X}_0^k,\ \boldsymbol{Y}_0^k,\ \boldsymbol{g}_0^k) = \max\left\{\beta \left| \begin{array}{l} \sum_{t=1}^{T}\sum_{j=1}^{n}\lambda_j^t X_{ij}^t \leqslant X_{i0}^k - \beta g_{i0}^{kX},\ i=1,\ 2,\ \cdots,\ m \\ \sum_{t=1}^{T}\sum_{j=1}^{n}\lambda_j^t Y_{rj}^t \geqslant Y_{r0}^k + \beta g_{i0}^{kY},\ r=1,\ 2,\ \cdots,\ s \\ \sum_{t=1}^{T}\sum_{j=1}^{n}\lambda_j^t = 1,\ \lambda_j^t \geqslant 0,\ j=1,\ 2,\ \cdots,\ n \\ \beta\ \text{free} \end{array} \right.\right\} \tag{5.21}$$

类比 Malmquist-Luenberger 生产率指数的定义方式，通过对两期方向距离函数分别加一再求商的方式，定义 Global Malmquist-Luenberger 生产率指数，公式如下：

$$\text{GMLPI}(\boldsymbol{X}^t,\boldsymbol{Y}^t,\boldsymbol{g}^t,\boldsymbol{X}^{t+1},\boldsymbol{Y}^{t+1},\boldsymbol{g}^{t+1}) = \frac{1+D^G(\boldsymbol{X}^t,\boldsymbol{Y}^t,\boldsymbol{g}^t)}{1+D^G(\boldsymbol{X}^{t+1},\boldsymbol{Y}^{t+1},\boldsymbol{g}^{t+1})} \tag{5.22}$$

当出现 $\text{GMLPI}(\boldsymbol{X}^t,\ \boldsymbol{Y}^t,\ \boldsymbol{g}^t,\ \boldsymbol{X}^{t+1},\ \boldsymbol{Y}^{t+1},\ \boldsymbol{g}^{t+1})>1$ 时，说明被评对象的生产率从 t 期到 $t+1$ 期有所改进，否则说明其生产率保持原状或有所退步。这里，同样不存在不可解、不一致和不循环问题。对式（5.22）右侧进行变换，可得 Global Malmquist-Luenberger 生产率指数的分解结果：

$$\begin{aligned} \text{GMLPI}(\boldsymbol{X}^t,\boldsymbol{Y}^t,\boldsymbol{g}^t,\boldsymbol{X}^{t+1},\boldsymbol{Y}^{t+1},\boldsymbol{g}^{t+1}) &= \frac{1+D^t(\boldsymbol{X}^t,\boldsymbol{Y}^t,\boldsymbol{g}^t)}{1+D^{t+1}(\boldsymbol{X}^{t+1},\boldsymbol{Y}^{t+1},\boldsymbol{g}^{t+1})} \\ &\times\left[\frac{(1+D^G(\boldsymbol{X}^t,\boldsymbol{Y}^t,\boldsymbol{g}^t))/(1+D^t(\boldsymbol{X}^t,\boldsymbol{Y}^t,\boldsymbol{g}^t))}{(1+D^G(\boldsymbol{X}^{t+1},\boldsymbol{Y}^{t+1},\boldsymbol{g}^{t+1}))/(1+D^{t+1}(\boldsymbol{X}^{t+1},\boldsymbol{Y}^{t+1},\boldsymbol{g}^{t+1}))}\right] \end{aligned} \tag{5.23}$$

式（5.23）中，等号右侧第一项代表效率变化，第二项代表技术改进。Global Malmquist-Luenberger 生产率指数同样可以应用在同时增加期望产出和减少非期望产出的实例中，这里仅以同时增加产出和减少投入为例。

5.2 基于 DEA 的产能利用变化率测度模型

基于 DEA 的传统产能利用率测度模型主要停留在对某一时点产能利用率的测度，鲜有文章对产能利用率的动态演化情况进行研究。此外，传统产能利用率指数分解研究的基础在于，技术无效性是有偏的产能利用率与无偏的产能利用率的商，在此基础上一些学者从成本最小化（Sahoo and Tone，2009）、收益最大化（Coelli et al.，2002）和利润最大化（Lindebo et al.，2007）的角度对产能利用率的分解进行研究。从目前来看，de Borger 等（2012）是唯一在静态效率研究领域中将产能成分作为效率分解成分开展研究的。总体上，上述这些研究都是在静态情形下开展的，然而基于前沿面技术的效率和产能利用率研究结果具有当期可比性，即基于不同时期的生产前沿面的效率或产能利用率求解结果不可比。因此，根据静态产能利用率测度模型计算出的不同年份的产能利用率进行比较，可能会误导决策者从而导致资源错配等。

在构造跨期的产能利用率变化指数并对其分解方面，Yang 等（2019）通过方向距离函数进行了首次尝试，然而其分解出的三个成分之一的 Luenberger 指数无法得到直观的解释。从目前来看，除此之外暂时没有其他进行动态产能利用变化率的研究。因此，本节我们旨在填补这一领域的空白，参考基于 DEA 的 Luenberger 指数的构造方法提出一套动态产能利用变化率测度模型。

在 5.1 节中，我们介绍了不同的生产率指数的定义和分解方法。可以发现，众多的生产率指数都建立在一定的效率测度基础上。因此，在构造动态产能利用变化率指数之前，我们首先定义适用于本书情景的效率测度。由于本书旨在研究中国制造业的产能利用率测度问题，属于带有非期望产出的研究情景，我们采用可以处理非期望产出的方向距离函数作为效率测度，并重点介绍含有非期望产出的动态产能利用变化率测度模型的构建和分解方法。

假设被评对象在 t 期能够将投入 $\boldsymbol{x}^t \in \boldsymbol{R}_+^M$ 转化为期望产出 $\boldsymbol{y}^t \in \boldsymbol{R}_+^S$ 和非期望产

出$\boldsymbol{b}^t \in \boldsymbol{R}_+^B$，则$t$期的（受限）生产可能集可以定义为

$$\boldsymbol{T}^t = \{(\boldsymbol{x}^t, \boldsymbol{y}^t, \boldsymbol{b}^t) \mid \boldsymbol{x}^t \text{能转化为} (\boldsymbol{y}^t, \boldsymbol{b}^t)\} \tag{5.24}$$

相应地，其投入集和产出集可以分别定义为$\boldsymbol{L}^t(\boldsymbol{y}^t, \boldsymbol{b}^t) = \{\boldsymbol{x}^t \mid (\boldsymbol{x}^t, \boldsymbol{y}^t, \boldsymbol{b}^t) \in \boldsymbol{T}^t\}$和$\boldsymbol{P}^t(\boldsymbol{x}^t) = \{(\boldsymbol{y}^t, \boldsymbol{b}^t) \mid (\boldsymbol{x}^t, \boldsymbol{y}^t, \boldsymbol{b}^t) \in \boldsymbol{T}^t\}$。为了衡量被评对象与生产可能集中前沿面上点的距离，我们设定方向向量为$\boldsymbol{g} = (\boldsymbol{g}^Y, -\boldsymbol{g}^B)$，则方向距离函数可以定义为

$$\boldsymbol{D}^t(\boldsymbol{x}^t, \boldsymbol{y}^t, \boldsymbol{b}^t, \boldsymbol{g}^t) = max\{\beta \mid (\boldsymbol{y}^t + \beta \boldsymbol{g}^Y, \boldsymbol{b}^t - \beta \boldsymbol{g}^B) \in \boldsymbol{P}^t(\boldsymbol{x}^t)\} \tag{5.25}$$

此效率测度属于加性测度，求解结果$\boldsymbol{D}^t(\boldsymbol{x}^t, \boldsymbol{y}^t, \boldsymbol{b}^t, \boldsymbol{g}^t)$具有最小值0，代表当前被评对象在既定方向上没有改进空间，即位于生产前沿面上，而结果数值越大代表越无效，即距离前沿面越远。这一效率测度能够代表被评对象在当前生产可能集内为扩大期望产出同时缩减非期望产出的最大程度。

在规模收益可变假设下，针对一组$k=1, 2, \cdots, K$个被评对象，我们通过施加强可处置性，展开式（5.24）中的生产可能集为

$$\boldsymbol{T}^t = \{(\boldsymbol{x}^t, \boldsymbol{y}^t, \boldsymbol{b}^t) \mid \sum_{k=1}^{K} \lambda_k \boldsymbol{x}_k^t \leqslant \boldsymbol{x}^t, \sum_{k=1}^{K} \lambda_k \boldsymbol{y}_k^t \geqslant \boldsymbol{y}^t, \sum_{k=1}^{K} \lambda_k \boldsymbol{b}_k^t \leqslant \boldsymbol{b}^t, \sum_{k=1}^{K} \lambda_k = 1, \lambda_k \geqslant 0\ \forall k\} \tag{5.26}$$

其中，λ_k为构造被评对象凸组合的强度变量。在此基础上，式（5.25）中针对被评对象DMU_0的（受限）方向距离函数展开为

$$\boldsymbol{D}^t(\boldsymbol{x}_0^t, \boldsymbol{y}_0^t, \boldsymbol{b}_0^t, \boldsymbol{g}^t) = \max\left\{\beta \left| \begin{array}{l} \sum_{k=1}^{K} \lambda_k x_{ik}^t \leqslant x_{i0}^t, \ i = 1, 2, \cdots, M \\ \sum_{k=1}^{K} \lambda_k y_{rk}^t \geqslant y_{r0}^t + \beta g_r^Y, \ r = 1, 2, \cdots, S \\ \sum_{k=1}^{K} \lambda_k b_{lk}^t \leqslant b_{l0}^t - \beta g_l^B, \ l = 1, 2, \cdots, B \\ \sum_{k=1}^{K} \lambda_k = 1, \ \lambda_k \geqslant 0, \ k = 1, 2, \cdots, K \\ \beta \geqslant 0 \end{array} \right.\right\} \tag{5.27}$$

为了满足传统产能研究范式的应用前提，我们引入在短期内固定投入和可

变投入的概念，即将投入向量划分为$\boldsymbol{x}^t=(\boldsymbol{x}^{f,t},\ \boldsymbol{x}^{v,t})$，其中，$\boldsymbol{x}^{f,t}\in\boldsymbol{R}_+^F$，$\boldsymbol{x}^{v,t}\in\boldsymbol{R}_+^V$，$M=F+V$。对应于式（5.24）中的生产可能集，此处我们重新定义一个不受限生产可能集如下：

$$\boldsymbol{T}^{S,t}=\{(\boldsymbol{x}^{f,t},\boldsymbol{y}^t,\boldsymbol{b}^t)\mid \boldsymbol{x}^{f,t}\text{能转化为}(\boldsymbol{y}^t,\boldsymbol{b}^t)\} \tag{5.28}$$

其中，在所有投入中，仅固定投入对生产可能集的形状形成紧约束，可变投入则不受限制。因此，相应的不受限投入集和产出集可以改写为$\boldsymbol{L}^{S,t}(\boldsymbol{y}^t,\boldsymbol{b}^t)=\{\boldsymbol{x}^{f,t}\mid(x^{f,t},\boldsymbol{y}^t,\boldsymbol{b}^t)\in\boldsymbol{T}^{S,t}\}$和$\boldsymbol{P}^{S,t}(\boldsymbol{x}^{f,t})=\{(\boldsymbol{y}^t,\boldsymbol{b}^t)\mid(\boldsymbol{x}^{f,t},\boldsymbol{y}^t,\boldsymbol{b}^t)\in\boldsymbol{T}^{S,t}\}$。类似地，我们可以定义不受限方向距离函数为

$$\boldsymbol{D}^{S,t}(\boldsymbol{x}^{f,t},\boldsymbol{y}^t,\boldsymbol{b}^t,\boldsymbol{g}^t)=\max\{\hat{\beta}\mid(\boldsymbol{y}^t+\hat{\beta}\,\boldsymbol{g}^Y,\boldsymbol{b}^t-\hat{\beta}\,\boldsymbol{g}^B)\in\boldsymbol{P}^{S,t}(\boldsymbol{x}^{f,t})\} \tag{5.29}$$

这一方向距离函数定义同样属于加性定义，其最小值为0，代表被评对象位于生产前沿面上，而越大的结果代表越无效。

类似地，式（5.28）中的不受限生产可能集可以展开为

$$\boldsymbol{T}^{S,t}=\{(\boldsymbol{x}^{f,t},\boldsymbol{y}^t,\boldsymbol{b}^t,\boldsymbol{g}^t)\mid\sum_{k=1}^{K}\lambda_k\boldsymbol{x}_k^{f,t}\leqslant\boldsymbol{x}^{f,t},\sum_{k=1}^{K}\lambda_k\boldsymbol{y}_k^t\geqslant\boldsymbol{y}^t,\sum_{k=1}^{K}\lambda_k\boldsymbol{b}_k^t\leqslant\boldsymbol{b}^t,\sum_{k=1}^{K}\lambda_k=1,\lambda_k\geqslant0\,\forall k\} \tag{5.30}$$

相应地，式（5.29）中的不受限方向距离函数可以展开为

$$\boldsymbol{D}^{S,t}(\boldsymbol{x}_0^{f,t},\ \boldsymbol{y}_0^t,\ \boldsymbol{b}_0^t,\ \boldsymbol{g}^t)=\max\left\{\hat{\beta}\left|\begin{array}{l}\sum_{k=1}^{K}\lambda_k x_{ik}^{f,t}\leqslant x_{i0}^{f,t},\ i=1,\ 2,\ \cdots,\ F\\ \sum_{k=1}^{K}\lambda_k y_{rk}^t\geqslant y_{r0}^t+\hat{\beta}g_r^Y,\ r=1,\ 2,\ \cdots,\ S\\ \sum_{k=1}^{K}\lambda_k b_{lk}^t\leqslant b_{l0}^t-\hat{\beta}g_l^B,\ l=1,\ 2,\ \cdots,\ B\\ \sum_{k=1}^{K}\lambda_k=1,\ \lambda_k\geqslant0,\ k=1,\ 2,\ \cdots,\ K\\ \hat{\beta}\geqslant0\end{array}\right.\right\} \tag{5.31}$$

由于此方向距离函数没有施加对可变投入的约束，可以获得更大的扩张（或收缩）空间，所以一定满足$\boldsymbol{D}^{S,t}(\boldsymbol{x}^{f,t},\ \boldsymbol{y}^t,\ \boldsymbol{b}^t,\ \boldsymbol{g}^t)\geqslant\boldsymbol{D}^t(\boldsymbol{x}^t,\ \boldsymbol{y}^t,\ \boldsymbol{b}^t,\ \boldsymbol{g}^t)\geqslant0$。因此，我们可以采用加性定义得到如下产能利用率指数的定义。

定义5.1　在考虑非期望产出的条件下，产能利用率指数定义为

$$\mathbf{CU}^t(\boldsymbol{x}^t,\boldsymbol{x}^{f,t},\boldsymbol{y}^t,\boldsymbol{b}^t)=\boldsymbol{D}^{S,t}(\boldsymbol{x}^{f,t},\boldsymbol{y}^t,\boldsymbol{b}^t,\boldsymbol{g}^t)-\boldsymbol{D}^t(\boldsymbol{x}^t,\boldsymbol{y}^t,\boldsymbol{b}^t,\boldsymbol{g}^t) \tag{5.32}$$

这一指数属于成本型指数，即越小越好，且满足 $\mathbf{CU}^t(\boldsymbol{x}^t, \boldsymbol{x}^{f,t}, \boldsymbol{y}^t, \boldsymbol{b}^t)\geqslant 0$。若 $\mathbf{CU}^t(\boldsymbol{x}^t, \boldsymbol{x}^{f,t}, \boldsymbol{y}^t, \boldsymbol{b}^t)=0$ 成立，代表产能已经得到充分利用，无须通过扩大可变投入或拆除固定资产来促进产能充分利用；而若 $\mathbf{CU}^t(\boldsymbol{x}^t, \boldsymbol{x}^{f,t}, \boldsymbol{y}^t, \boldsymbol{b}^t)>0$ 成立，则说明产能利用不够充分，意味着有部分固定投入对应的产出潜能未得到开发，可以通过拆除落后固定资产或配备相应的可变投入来提升产能利用率。

为了更加直观地展示存在非期望产出时加性产能利用率指数的含义，我们绘制了以非期望产出为横轴、期望产出为纵轴的示意图，如图5.1所示。图5.1中某时期的被评对象为点 $A(\boldsymbol{b}, \boldsymbol{y})$，沿着方向 $\boldsymbol{g}=(\boldsymbol{g}^Y, -\boldsymbol{g}^B)$ 进行投影，点 $A(\boldsymbol{b}, \boldsymbol{y})$ 可以投影至点 $B(\boldsymbol{b}-\beta^*\boldsymbol{g}^B, \boldsymbol{y}+\beta^*\boldsymbol{g}^Y)$。两点之间的距离代表被评对象生产活动的无效性，可以用 $\boldsymbol{D}(\boldsymbol{x}, \boldsymbol{y}, \boldsymbol{b}, \boldsymbol{g}) = |EF|/|\boldsymbol{g}^B| = |HI|/|\boldsymbol{g}^Y| =\beta^*$ 来表示。进一步，点 $A(\boldsymbol{b}, \boldsymbol{y})$ 可以在不受可变资源约束的情况下沿着相同方向 $\boldsymbol{g}=(\boldsymbol{g}^Y, -\boldsymbol{g}^B)$ 投影到不受限生产前沿面上的点 $C(\boldsymbol{b}-\hat{\beta}^*\boldsymbol{g}^B, \boldsymbol{y}+\hat{\beta}^*\boldsymbol{g}^Y)$，至此闲置产能被充分开发利用。点 $A(\boldsymbol{b}, \boldsymbol{y})$ 到点 $C(\boldsymbol{b}-\hat{\beta}^*\boldsymbol{g}^B, \boldsymbol{y}+\hat{\beta}^*\boldsymbol{g}^Y)$ 之间的距离表示实际产出与产能产出的差距，可以用 $\boldsymbol{D}^S(\boldsymbol{x}^f, \boldsymbol{y}, \boldsymbol{b}, \boldsymbol{g}) = |DF|/|\boldsymbol{g}^B| = |GI|/|\boldsymbol{g}^Y| =\hat{\beta}^*$ 来表示。因此，根据定义5.1，点 A 的产能利用率等于 $\mathbf{CU}(\boldsymbol{x}, \boldsymbol{x}^f, \boldsymbol{y}, \boldsymbol{b})=\dfrac{|DF|-|EF|}{|\boldsymbol{g}^B|}=\dfrac{|GI|-|HI|}{|\boldsymbol{g}^Y|}=\dfrac{|DE|}{|\boldsymbol{g}^B|}=\dfrac{|GH|}{|\boldsymbol{g}^Y|}=\hat{\beta}^*-\beta^*$。

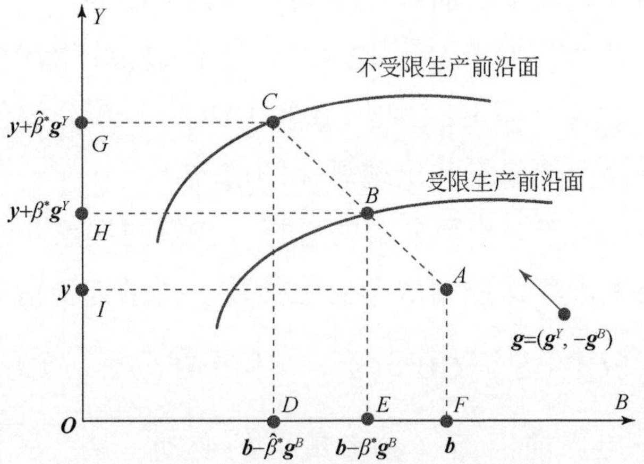

图5.1　产能利用率指数示意图

为了减少接下来产能利用率跨期演化模型推导过程的复杂性，我们首先定义变量（$\boldsymbol{x}^t$，$\boldsymbol{y}^t$，$\boldsymbol{b}^t$，$\boldsymbol{g}^t$）、（$\boldsymbol{x}^{f,t}$，$\boldsymbol{y}^t$，$\boldsymbol{b}^t$，$\boldsymbol{g}^t$）和（$\boldsymbol{x}^t$，$\boldsymbol{x}^{f,t}$，$\boldsymbol{y}^t$，$\boldsymbol{b}^t$，$\boldsymbol{g}^t$）的缩略形式为（$\boldsymbol{\Delta}^t$），这样不会造成不同变量和函数的混乱，因为可以通过产能利用率或方向距离函数的上标进行辨别。在此基础上，我们给出加性产能利用率的拓展形式。例如，位于 t 期的被评对象相对于 $t+1$ 期生产可能集的产能利用率可以定义为

$$\mathbf{CU}^{t+1}(\boldsymbol{\Delta}^t)=\boldsymbol{D}^{S,t+1}(\boldsymbol{\Delta}^t)-\boldsymbol{D}^{t+1}(\boldsymbol{\Delta}^t) \tag{5.33}$$

其中，方向距离函数$\boldsymbol{D}^{S,t+1}(\boldsymbol{\Delta}^t)$ 和$\boldsymbol{D}^{t+1}(\boldsymbol{\Delta}^t)$ 是通过变更定义中的产出集$\boldsymbol{P}^t(\boldsymbol{x}^t)$、$\boldsymbol{P}^{S,t}(\boldsymbol{x}^{f,t})$ 为$\boldsymbol{P}^{t+1}(\boldsymbol{x}^{t+1})$ 和$\boldsymbol{P}^{S,t+1}(\boldsymbol{x}^{f,t+1})$ 得到的。

参考 Chambers 和 Pope（1996）提出的 Luenberger 生产率指数的思想，我们将考虑非期望产出情形下的产能利用变化率指数定义为在两个不同时期的生产率指数的算数平均值。

定义 5.2 在存在非期望产出的情况下，产能利用变化率指数可以定义为

$$\mathbf{CUC}^{t,t+1}=\frac{1}{2}[\mathbf{CU}^t(\boldsymbol{\Delta}^{t+1})-\mathbf{CU}^t(\boldsymbol{\Delta}^t)]+\frac{1}{2}[\mathbf{CU}^{t+1}(\boldsymbol{\Delta}^{t+1})-\mathbf{CU}^{t+1}(\boldsymbol{\Delta}^t)] \tag{5.34}$$

此定义采用与 Luenberger 生产率指数相反的定义，即按照与 Luenberger 生产率指数定义中括号内两项相反的位置进行定义，同式（5.35）和式（5.36）的定义方式。这是由于 **CU** 是一个成本型指标，若产能利用变化指数及其分解指数按照 Luenberger 生产率指数的定义方式，同样为成本型指标，则与传统生产率指数、技术进步指数和效率变化指数的定义不符。

总的来看，式（5.34）中包含两项，第一项以 t 期的生产可能集为参考，获取产能利用率的变化程度，而第二项则是以 $t+1$ 期的生产可能集为参考，考察产能利用率变化程度。具体地，$\mathbf{CUC}^{t,t+1}>0$ 代表被评对象的产能利用率从 t 期到 $t+1$ 期得到了改善，而 $\mathbf{CUC}^{t,t+1}=0$ 和 $\mathbf{CUC}^{t,t+1}<0$ 分别代表被评对象的产能利用率在两个时期保持稳定和出现恶化的情况。

参考 Luenberger 生产率指数分解的思想，我们同样重新组合式（5.34）中的各项，构造了技术进步指数和效率变化指数。技术进步指数如下：

$$\mathbf{TC}^{t,t+1}=\frac{1}{2}[\mathbf{CU}^t(\boldsymbol{\Delta}^t)-\mathbf{CU}^{t+1}(\boldsymbol{\Delta}^t)]+\frac{1}{2}[\mathbf{CU}^t(\boldsymbol{\Delta}^{t+1})-\mathbf{CU}^{t+1}(\boldsymbol{\Delta}^{t+1})] \tag{5.35}$$

该指数着眼于生产前沿面（参考集）的变动，从公式角度由两项构成，

第一项考察被评对象在 t 期时关于两个不同时期参考集求得的产能利用率差异，体现了受限生产前沿面与不受限生产前沿面间距离的变动，这种变动是由投入组合的变动造成的，因此也体现了投入组合的技术进步；第二项以被评对象在 $t+1$ 期时的生产情况为研究对象，同样考察技术进步的程度。从结果上来看，$\mathbf{TC}^{t,t+1}>0$ 代表参考集通过调整投入组合（即增加了可变投入的比例）达到了释放产能的效果，而 $\mathbf{TC}^{t,t+1}=0$ 和 $\mathbf{TC}^{t,t+1}<0$ 分别代表参考集未通过投入组合调整改善产能利用以及投入组合的变动更加不利于产能的释放的情形。

除了技术进步指数以外，产能利用变化指数分解出的第二项同样是参考 Luenberger 指数分解的思想得到的效率变化指数，如下：

$$\mathbf{EC}^{t,t+1}=\mathbf{CU}^{t+1}(\Delta^{t+1})-\mathbf{CU}^{t}(\Delta^{t}) \tag{5.36}$$

该指数着眼于被评对象个体的投入组合合理性的变化，体现被评对象从 t 期到 $t+1$ 期自身产能利用率的变动程度，即本身投入组合变动的情况，因此可以看作资源配置效率的变化。从结果上，$\mathbf{EC}^{t,t+1}>0$ 代表被评对象通过改善自身投入组合达到了释放产能的效果，而 $\mathbf{EC}^{t,t+1}=0$ 和 $\mathbf{EC}^{t,t+1}<0$ 分别代表被评对象未通过投入组合的调整达到变动产能利用率的效果以及通过投入组合的调整使得产能利用率更低的情形。

为了直观地解释产能利用变化指数及其分解指数、技术进步和效率变化指数的含义，我们绘制了如图 5.2 所示的示意图。点 A 和点 B 分别为 t 期和 $t+1$期的被评对象，以 $\boldsymbol{g}=(\boldsymbol{g}^{Y},\ -\boldsymbol{g}^{B})$ 为方向向量，则根据定义 5.2，从 t 期到 $t+1$ 期点 A（点 B）的产能利用变化指数等于 $\mathbf{CUC}^{t,t+1}=\frac{1}{2}\left(\frac{|VR|-|UQ|}{|\boldsymbol{g}^{Y}|}\right)+$

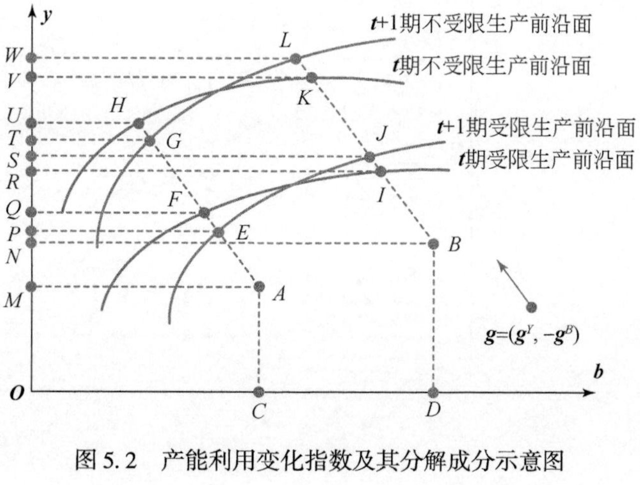

图 5.2　产能利用变化指数及其分解成分示意图

$\frac{1}{2}\left(\frac{|WS|-|TP|}{|\boldsymbol{g}^Y|}\right)$，作为分解成分的技术进步指数等于 $\mathbf{TC}^{t,t+1}=\frac{1}{2}\left(\frac{|UQ|-|TP|}{|\boldsymbol{g}^Y|}\right)+\frac{1}{2}\left(\frac{|VR|-|WS|}{|\boldsymbol{g}^Y|}\right)$，而效率变化指数等于 $\mathbf{EC}^{t,t+1}=\frac{|WS|-|UQ|}{|\boldsymbol{g}^Y|}$。

5.3 全局产能利用变化率测度模型

5.2 节中提出的模型可能出现观察集和参考集的时期不对应的情况，因此可能在产能利用指数及其分解指数的求解中，出现类似于 Malmquist 指数和 Malmquist-Luenberger 指数应用中存在的三类问题：不可解、不循环和不一致问题（Briec and Kerstens，2009；Oh，2010；Pastor and Lovell，2005）。我们已经通过构造算数平均值解决了不一致问题，然而不可解和不循环问题依旧存在。

在研究跨期动态演化效率问题中，全局技术是一种较为成熟且应用广泛的技术，可以消除不可解和不循环的问题，因此在本节中我们将借鉴全局技术通过构造全局生产前沿面来解决 5.2 节中提出的模型不可解和不循环问题。

在考虑非期望产出的情况下，全局（受限）生产可能集可以定义为所有时期生产可能集的并集，即 $\boldsymbol{T}^G=\text{conv}\{\boldsymbol{T}^1\cup\boldsymbol{T}^2\cup\cdots\cup\boldsymbol{T}^T\}$，则全局（受限）方向距离函数可以定义为

$$\boldsymbol{D}^G(\boldsymbol{x}^t,\boldsymbol{y}^t,\boldsymbol{b}^t,\boldsymbol{g}^t)=\max\{\beta\,|\,(\boldsymbol{x}^t,\boldsymbol{y}^t+\beta\,\boldsymbol{g}^Y,\boldsymbol{b}^t-\beta\,\boldsymbol{g}^B)\in\boldsymbol{T}^G\}\tag{5.37}$$

此方向距离函数可以展开为如下线性规划模型：

$$\boldsymbol{D}^G(\boldsymbol{x}^t,\ \boldsymbol{y}^t,\ \boldsymbol{b}^t,\ \boldsymbol{g}^t)=\max\left\{\beta\left|\begin{array}{l}\sum\limits_{t=1}^{T}\sum\limits_{k=1}^{K}\lambda_k^t x_{ik}^t\leqslant x_{i0}^t,\ i=1,\ 2,\ \cdots,\ M\\ \sum\limits_{t=1}^{T}\sum\limits_{k=1}^{K}\lambda_k^t y_{rk}^t\geqslant y_{r0}^t+\beta g_r^Y,\ r=1,\ 2,\ \cdots,\ S\\ \sum\limits_{t=1}^{T}\sum\limits_{k=1}^{K}\lambda_k^t b_{lk}^t\leqslant b_{l0}^t-\beta g_l^B,\ l=1,\ 2,\ \cdots,\ B\\ \sum\limits_{t=1}^{T}\sum\limits_{k=1}^{K}\lambda_k^t=1,\ \lambda_k\geqslant 0,\ k=1,\ 2,\ \cdots,\ K\\ \beta\geqslant 0\end{array}\right.\right\}\tag{5.38}$$

在可变投入不受限制的情况下，全局不受限生产可能集可以定义为 $\boldsymbol{T}^{S,G}=\operatorname{conv}\{\boldsymbol{T}^{S,1}\cup\boldsymbol{T}^{S,2}\cup\cdots\cup\boldsymbol{T}^{S,T}\}$，则全局不受限方向距离函数可以定义为

$$\boldsymbol{D}^{S,G}(\boldsymbol{x}^{f,t},\boldsymbol{y}^t,\boldsymbol{b}^t,\boldsymbol{g}^t)=\max\{\hat{\beta}\mid(\boldsymbol{x}^{f,t},\boldsymbol{y}^t+\hat{\beta}\boldsymbol{g}^Y,\boldsymbol{b}^t-\hat{\beta}\boldsymbol{g}^B)\in\boldsymbol{T}^{S,G}\} \tag{5.39}$$

此不受限方向距离函数可以展开为如下线性规划模型：

$$\boldsymbol{D}^{S,G}(\boldsymbol{x}^{f,t},\boldsymbol{y}^t,\boldsymbol{b}^t,\boldsymbol{g}^t)=\max\left\{\hat{\beta}\left|\begin{array}{l}\sum\limits_{t=1}^{T}\sum\limits_{k=1}^{K}\lambda_k^t x_{ik}^{f,t}\leqslant x_{i0}^{f,t},\ i=1,2,\cdots,F\\ \sum\limits_{t=1}^{T}\sum\limits_{k=1}^{K}\lambda_k^t y_{rk}^t\geqslant y_{r0}^t+\hat{\beta}g_r^Y,\ r=1,2,\cdots,S\\ \sum\limits_{t=1}^{T}\sum\limits_{k=1}^{K}\lambda_k^t b_{lk}^t\leqslant b_{l0}^t-\hat{\beta}g_l^B,\ l=1,2,\cdots,B\\ \sum\limits_{t=1}^{T}\sum\limits_{k=1}^{K}\lambda_k^t=1,\ \lambda_k\geqslant 0,\ k=1,2,\cdots,K\\ \hat{\beta}\geqslant 0\end{array}\right.\right\} \tag{5.40}$$

定义 5.3　在考虑非期望产出时，全局产能利用变化率指数可以定义为

$$\mathbf{CU}^G(\boldsymbol{x}^t,\boldsymbol{x}^{f,t},\boldsymbol{y}^t,\boldsymbol{b}^t)=\boldsymbol{D}^{S,G}(\boldsymbol{x}^{f,t},\boldsymbol{y}^t,\boldsymbol{b}^t,\boldsymbol{g}^t)-\boldsymbol{D}^G(\boldsymbol{x}^t,\boldsymbol{y}^t,\boldsymbol{b}^t,\boldsymbol{g}^t) \tag{5.41}$$

定义 5.4　在考虑非期望产出时，全局产能利用变化率指数可以定义为

$$\mathbf{CUC}^{t,t+1}=\mathbf{CU}^G(\boldsymbol{x}^{t+1},\boldsymbol{x}^{f,t+1},\boldsymbol{y}^{t+1},\boldsymbol{b}^{t+1})-\mathbf{CU}^G(\boldsymbol{x}^t,\boldsymbol{x}^{f,t},\boldsymbol{y}^t,\boldsymbol{b}^t) \tag{5.42}$$

类似地，我们可以将全局产能利用变化率指数分解为两个分量，为方便后续分量推导，这里沿用 5.2 节中变量的缩略形式为（Δ^t），则第一个分量为技术进步指数，可以定义为

$$\mathbf{TC}^{G,t,t+1}=[\mathbf{CU}^G(\Delta^{t+1})-\mathbf{CU}^{t+1}(\Delta^{t+1})]-[\mathbf{CU}^G(\Delta^t)-\mathbf{CU}^t(\Delta^t)] \tag{5.43}$$

这一指数体现投入组合的技术进步，着眼于生产前沿面（参考集）的变动，等号右侧两项分别考察决策单元在 t 期和 $t+1$ 期时关于当期生产前沿面与关于全局生产前沿面求得的产能利用率差异，体现了当期生产前沿面向全局生产前沿面移动的程度，这种生产前沿面的移动来源于投入组合的变动。具体地，$\mathbf{TC}^{G,t,t+1}>0$ 代表参考集通过调整投入组合（即增加了可变投入的比例）沿着靠近全局生产前沿面的方向达到了释放产能的效果，而 $\mathbf{TC}^{G,t,t+1}=0$ 和 $\mathbf{TC}^{G,t,t+1}<0$ 分别代表参考集未通过投入组合调整改善产能利用以及投入组合的

变动造成参考集沿着远离全局生产前沿面的方向移动的情形。

第二个分量为效率变化指数，可以定义为

$$\mathbf{EC}^{G,t,t+1}=\mathbf{CU}^{t+1}(\Delta^{t+1})-\mathbf{CU}^{t}(\Delta^{t}) \tag{5.44}$$

这一指数与5.2节中的分解成分效率变化指数一致，因此不再重复解释。

5.4 中国制造业产能利用变化率实证研究

本节中，我们采用与第4章中相同的实例，研究我国制造业的动态产能利用率变化情况，由于本章提出了两类测度产能利用变化率并对其分解的模型，这里也将对计算结果进行比较，说明全局技术对动态产能利用率测度的作用。

在第4章对数据的收集、整理基础上，本章沿用相同的投入和产出指标，旨在与第4章保持一致，在计算过程中同样引入了期望产出与非期望产出之间的弱可处置性。采用上述设置，使得采用局部模型（与全局模型进行区别）的定义5.1计算出的产能利用率结果与第3章提出的模型的结果一致，因此不再在这里进行说明。式（5.27）和式（5.31）对应的Matlab程序见附录。根据定义5.2，我们首先利用局部模型计算产能利用变化率的结果，如表5.1所示。

表5.1中的结果显示，在计算产能利用变化率（CUC）的过程中，需要用到跨期的方向距离函数，使得行业13（石油加工、炼焦和核燃料加工业）和行业30（废弃资源综合利用业）出现了不可解。此外，表5.1中同时给出了效率变化（EC）和技术进步（TC）分解量的计算结果，可以发现不存在效率水平和技术水平在2011～2016年始终保持进步的行业，即保持EC>0和TC>0始终成立。然而，DMU_5（纺织业）的CUC、EC和TC指标值在2011～2016年始终保持为零。

此外，我们对各时段中三个指标的平均值进行计算，如表5.2所示，并据此绘制如图5.3所示的折线图。可以发现，CUC的值始终保持在0.00～0.03，这表明我国制造业各行业的产能利用率平均水平在2011～2016年基本持续低速提高。关于两个分解量，由于EC的值始终小于TC的值，则效率改进的表现明显差于技术进步，同时TC在2011～2012年最高达到0.1098，并在随后年份中保持较为稳定且大于0的水平。这与第4章中CU的变化规律相吻合，2011～2012年出现了明显的产能利用率改善，此后几年间产能利用率保持较为稳定的状态。

表 5.1 中国制造业产能利用变化率测算结果(局部模型)

行业	2011~2012 年			2012~2013 年			2013~2014 年			2014~2015 年			2015~2016 年		
编号	CUC	TC	EC	CUC	TC	EC	CUC	TC	EC	CUC	TC	EC	CUC	TC	EC
1	0.0111	0.0111	0.0000	0.0084	0.0084	0.0000	0.0102	0.0102	0.0000	0.0199	0.0199	0.0000	0.0098	0.0098	0.0000
2	−0.0213	0.1203	−0.1416	−0.0001	−0.0041	0.0040	0.0122	−0.0071	0.0193	−0.0007	−0.0019	0.0012	−0.0029	−0.0093	0.0065
3	0.0184	0.1894	−0.1710	−0.0270	−0.0223	−0.0047	0.0165	0.0249	−0.0084	0.0151	0.0071	0.0080	0.0159	0.0217	−0.0058
4	−0.0428	0.3123	−0.3551	0.0741	0.1871	−0.1130	−0.0742	−0.0204	−0.0538	0.0632	0.0965	−0.0333	0.1307	0.1174	0.0133
5	0.0000	0.0000	0.0000	0.0000	0.0000	0.0000	0.0000	0.0000	0.0000	0.0000	0.0000	0.0000	0.0000	0.0000	0.0000
6	0.0000	−0.0001	0.0001	0.0000	0.0001	−0.0001	0.0000	0.0000	0.0000	0.0001	−0.0013	0.0014	−0.0008	0.0005	−0.0014
7	−0.0224	0.0224	−0.0448	0.0001	0.0001	0.0000	−0.0005	−0.0005	0.0000	−0.0005	−0.0005	0.0000	0.0000	0.0000	0.0000
8	−0.0218	0.3111	−0.3330	0.0031	0.0031	0.0000	0.0020	0.0020	0.0000	0.0085	0.0085	0.0000	0.0113	0.0113	0.0000
9	0.0659	0.3465	−0.2805	−0.0161	−0.0103	−0.0058	−0.0578	0.0014	−0.0592	0.0004	0.0004	0.0000	0.0006	0.0006	0.0000
10	0.0101	0.0844	−0.0743	0.0201	0.0769	−0.0568	0.0428	−0.0389	0.0817	0.0263	0.0267	−0.0003	0.0836	−0.0050	0.0886
11	0.0031	0.1999	−0.1968	0.0684	0.1105	−0.0421	−0.0012	−0.0072	0.0060	0.0008	−0.0156	0.0164	0.0119	−0.0734	0.0853
12	0.1384	0.1384	0.0000	0.0015	0.0015	0.0000	0.0331	0.0331	0.0000	0.0141	0.0126	0.0014	−0.0063	−0.0181	0.0117
13	N/A	N/A	0.0000	N/A	N/A	0.0000	N/A	N/A	0.0000	N/A	N/A	0.0000	N/A	N/A	0.0000
14	−0.0164	−0.0118	−0.0046	−0.0268	−0.0268	0.0000	−0.0049	−0.0049	0.0000	−0.0023	−0.0023	0.0000	0.0156	0.0156	0.0000
15	0.0479	0.1611	−0.1132	0.0196	−0.0018	0.0214	0.0209	0.0388	−0.0179	0.0320	0.0295	0.0024	0.0418	0.0623	−0.0205
16	−0.0336	0.2676	−0.3012	0.0371	0.0613	−0.0241	0.0244	−0.0104	0.0348	0.0183	−0.0014	0.0197	0.0390	−0.0748	0.1138
17	0.0161	0.0500	−0.0339	0.0128	0.0021	0.0108	0.0052	0.0089	−0.0037	0.0085	0.0064	0.0020	0.0061	0.0162	−0.0101
18	0.0519	0.0835	−0.0316	0.0373	0.0355	0.0018	0.0165	0.0423	−0.0258	0.0159	0.0266	−0.0107	0.0088	0.0502	−0.0415
19	−0.0341	−0.0341	0.0000	−0.0533	−0.1062	0.0528	0.0177	−0.0868	0.1045	0.1561	−0.0219	0.1780	0.0892	0.0813	0.0079
20	0.0244	−0.0938	0.1181	−0.0650	−0.0959	0.0309	−0.0066	0.0185	−0.0250	0.0467	0.0242	0.0225	0.0284	0.0337	−0.0054
21	−0.0043	0.0079	−0.0122	0.0000	0.0000	0.0000	0.0009	0.0009	0.0000	0.0000	0.0000	0.0000	0.0000	0.0000	0.0000
22	0.0309	0.0924	−0.0615	0.0476	0.0307	0.0169	0.0186	0.0437	−0.0251	0.0279	0.0243	0.0035	0.0152	0.0651	−0.0499

续表

行业编号	2011~2012年 CUC	2011~2012年 TC	2011~2012年 EC	2012~2013年 CUC	2012~2013年 TC	2012~2013年 EC	2013~2014年 CUC	2013~2014年 TC	2013~2014年 EC	2014~2015年 CUC	2014~2015年 TC	2014~2015年 EC	2015~2016年 CUC	2015~2016年 TC	2015~2016年 EC
23	0.0676	0.1674	-0.0999	0.0277	0.0367	-0.0090	0.0248	0.0563	-0.0315	0.0144	0.0199	-0.0054	0.0131	0.0936	-0.0805
24	-0.1080	0.1280	-0.2359	0.0605	0.0774	-0.0169	0.0194	0.0850	-0.0656	0.1105	0.0877	0.0228	0.0746	0.1747	-0.1002
25	0.0632	0.1617	-0.0985	0.0140	0.0261	-0.0121	0.0288	0.0449	-0.0161	0.0191	0.0063	0.0127	0.0159	0.0796	-0.0638
26	0.0341	0.0832	-0.0491	0.0372	0.0492	-0.0120	0.0316	0.0603	-0.0287	0.0470	0.0318	0.0152	0.0189	0.0790	-0.0602
27	0.0002	0.0002	0.0000	0.0000	0.0000	0.0000	0.0000	0.0000	0.0000	0.0000	0.0000	0.0000	0.0047	0.0047	0.0000
28	0.0062	0.2486	-0.2423	-0.0052	-0.0928	0.0876	0.0696	0.1419	-0.0723	0.0656	0.0992	-0.0336	0.0366	0.0472	-0.0106
29	0.0072	0.0264	-0.0192	0.0002	0.0002	0.0000	0.0000	0.0000	0.0000	0.0000	0.0000	0.0000	0.0000	0.0000	0.0000
30	N/A	N/A	0.0000	N/A	N/A	0.0000	N/A	N/A	0.0000	N/A	N/A	0.0000	N/A	N/A	0.0000

注:N/A 表示不可解

表 5.2　产能利用变化率及其分解量各时间段平均值（局部模型）

时段	CUC	TC	EC
2011 ~ 2012 年	0. 0104	0. 1098	-0. 0927
2012 ~ 2013 年	0. 0099	0. 0124	-0. 0023
2013 ~ 2014 年	0. 0089	0. 0156	-0. 0062
2014 ~ 2015 年	0. 0252	0. 0172	0. 0075
2015 ~ 2016 年	0. 0236	0. 0280	-0. 0041

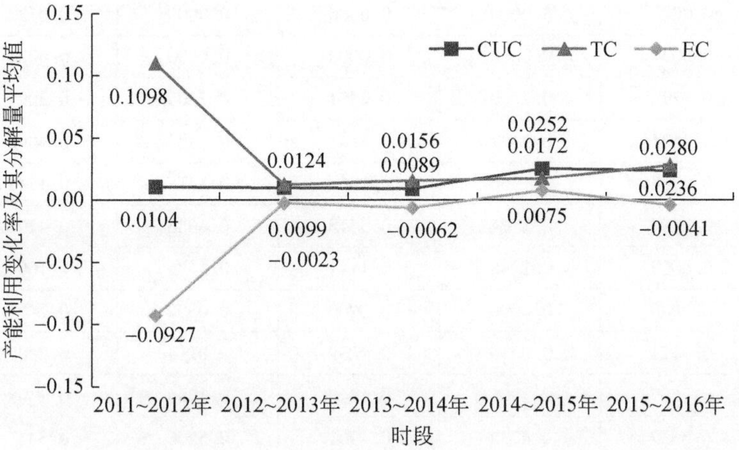

图 5. 3　产能利用变化率及其分解量平均值（局部模型）走势

由于在上述模型的计算过程中出现了不可解的问题，引入全局技术并重新计算产能利用率及其变化率显得尤为重要。因此，我们利用全局技术下的定义 5. 3 对产能利用率进行重新计算，计算结果见表 5. 3。此外，我们将局部模型与全局模型各年份的平均值进行比较，结果见表 5. 4。式（5. 38）和式（5. 40）对应的 Matlab 程序见附录。为更加清楚地展示两种模型测度结果的分布情况，我们绘制了如图 5. 4 所示的局部模型与全局模型产能利用率测度结果核密度图。

根据观察，除 2011 年外，其余年份中产能利用率平均值在全局模型中均高于局部模型。此外，两模型测度结果平均值的走势也有所不同，局部模型测度结果在经历了 2011 ~ 2012 年的急剧下降之后表现为小幅波动，而全局模型测度结果持续稳步上升。从测度结果的分布来看，除 2011 年外，局部模型的峰值均出现在 0 值附近，而全局模型的峰值则出现在更大的值处。因此，可以说明全局模型在识别过剩产能问题的能力上表现优于局部模型。

表 5.3 中国制造业产能利用率测度结果（全局模型）

行业编号	2011 年	2012 年	2013 年	2014 年	2015 年	2016 年
1	0.0029	0.0000	0.0000	0.0000	0.0000	0.0000
2	0.1695	0.1152	0.1455	0.1186	0.1013	0.1047
3	0.2373	0.2422	0.1877	0.2074	0.2247	0.2457
4	0.6970	0.6349	0.6169	0.5540	0.4871	0.3467
5	0.0000	0.0000	0.0000	0.0000	0.0000	0.0000
6	0.0000	0.0000	0.0000	0.0000	0.0122	0.0109
7	0.0034	0.0000	0.0000	0.0000	0.0021	0.0337
8	0.3273	0.2800	0.2451	0.2208	0.2097	0.1514
9	0.2521	0.2497	0.4141	0.3823	0.4096	0.3461
10	0.0968	0.1066	0.1065	0.1315	0.1741	0.2702
11	0.1797	0.1724	0.3518	0.4086	0.4296	0.4623
12	0.0000	0.1948	0.1441	0.1475	0.1604	0.1537
13	0.0000	0.0000	0.0000	0.0000	0.2464	0.5145
14	0.0121	0.0236	0.0259	0.0114	0.0000	0.0000
15	0.1657	0.1906	0.1840	0.1986	0.2163	0.2489
16	0.5537	0.4738	0.4901	0.5200	0.5325	0.5819
17	0.0203	0.0377	0.0522	0.0647	0.0811	0.0992
18	0.0306	0.0570	0.0844	0.1013	0.1196	0.1325
19	0.1933	0.1565	0.1065	0.1297	0.2703	0.3574
20	0.2915	0.4264	0.4293	0.3973	0.4270	0.4379
21	0.0159	0.0111	0.0044	0.0180	0.0094	0.0319
22	0.0471	0.0686	0.1026	0.1224	0.1536	0.1747
23	0.1422	0.1835	0.1906	0.2148	0.2326	0.2506
24	0.1835	0.1634	0.1896	0.1730	0.1764	0.1456
25	0.1741	0.2398	0.2499	0.3041	0.3319	0.3290
26	0.0354	0.0610	0.0753	0.0765	0.0770	0.0852
27	0.0000	0.0000	0.0000	0.0000	0.0000	0.0000
28	0.1160	0.1571	0.1701	0.1797	0.1754	0.1904
29	0.0082	0.0283	0.0395	0.0652	0.0929	0.1516
30	0.0000	0.2284	0.8118	0.7904	0.8180	0.8334
均值	0.1319	0.1501	0.1806	0.1846	0.2057	0.2230

表 5.4　局部模型与全局模型测度结果比较

指标	2011 年	2012 年	2013 年	2014 年	2015 年	2016 年
CU-局部模型	0.1855	0.0928	0.0904	0.0842	0.0917	0.0876
CU-全局模型	0.1319	0.1501	0.1806	0.1846	0.2057	0.2230

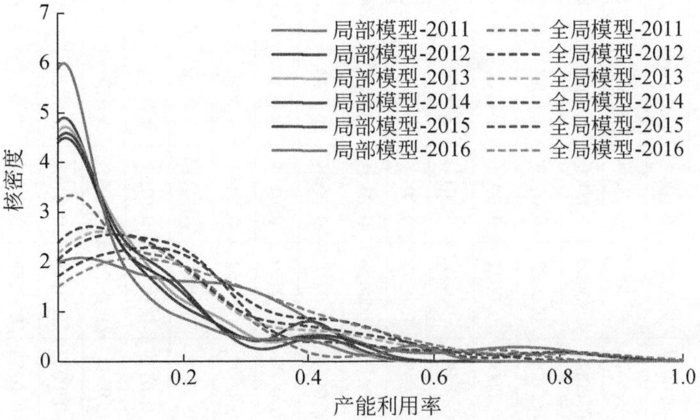

图 5.4　局部模型与全局模型产能利用率测度结果核密度

在利用全局模型测度出的产能利用率结果基础上，我们根据定义 5.4 计算出全局模型下的产能利用变化率结果及其分解量结果，详见表 5.5。至此，所有曾出现的不可解问题被全部解决。然后，我们计算出全局产能利用变化率及其分解量的各年平均值，如表 5.6 所示，并绘制如图 5.5 所示的折线图。根据定义，EC 在全局模型与局部模型中的定义相同，因此得到相同的计算结果。全局模型得到的 CUC 和 TC 在变化趋势上与局部模型保持一致，在 2011 ~ 2013 年大于局部模型，而在 2013 ~ 2016 年小于局部模型。此外，全局模型中 CUC 同样持续为正值，说明我国制造业的去产能政策取得了一定的成效。

综上，全局模型在计算结果上与局部模型保持趋势一致性，说明模型设计的合理性与引入全局技术的必要性，而全局模型中分布更为均匀的 CU 值说明全局模型相对局部模型具有更强的产能过剩识别能力。

表 5.5　中国制造业产能利用变化率测算结果（全局模型）

行业编号	2011～2012 年			2012～2013 年			2013～2014 年			2014～2015 年			2015～2016 年		
	CUC	TC	EC	CUC	TC	EC	CUC	TC	EC	CUC	TC	EC	CUC	TC	EC
1	−0.0029	−0.0029	0.0000	0.0000	0.0000	0.0000	0.0000	0.0000	0.0000	0.0000	0.0000	0.0000	0.0000	0.0000	0.0000
2	−0.0543	0.0873	−0.1416	0.0303	0.0262	0.0040	−0.0268	−0.0461	0.0193	−0.0174	−0.0185	0.0012	0.0035	−0.0030	0.0065
3	0.0049	0.1760	−0.1710	−0.0545	−0.0498	−0.0047	0.0197	0.0281	−0.0084	0.0173	0.0092	0.0080	0.0210	0.0268	−0.0058
4	−0.0621	0.2930	−0.3551	−0.0180	0.0950	−0.1130	−0.0629	−0.0091	−0.0538	−0.0669	−0.0336	−0.0333	−0.1404	−0.1538	0.0133
5	0.0000	0.0000	0.0000	0.0000	0.0000	0.0000	0.0000	0.0000	0.0000	0.0000	0.0000	0.0000	0.0000	0.0000	0.0000
6	0.0000	−0.0001	0.0001	0.0000	0.0001	−0.0001	0.0000	0.0000	0.0000	0.0122	0.0109	0.0014	−0.0014	0.0000	−0.0014
7	−0.0034	0.0414	−0.0448	0.0000	0.0000	0.0000	0.0000	0.0000	0.0000	0.0021	0.0021	0.0000	0.0316	0.0316	0.0000
8	−0.0473	0.2856	−0.3330	−0.0349	−0.0349	0.0000	−0.0243	−0.0243	0.0000	−0.0112	−0.0112	0.0000	−0.0583	−0.0583	0.0000
9	−0.0023	0.2782	−0.2805	0.1644	0.1701	−0.0058	−0.0318	0.0274	−0.0592	0.0273	0.0273	0.0000	−0.0635	−0.0635	0.0000
10	0.0098	0.0841	−0.0743	−0.0001	0.0567	−0.0568	0.0250	−0.0567	0.0817	0.0426	0.0430	−0.0003	0.0961	0.0075	0.0886
11	−0.0073	0.1895	−0.1968	0.1793	0.2215	−0.0421	0.0569	0.0508	0.0060	0.0210	0.0046	0.0164	0.0327	−0.0526	0.0853
12	0.1948	0.1948	0.0000	−0.0507	−0.0507	0.0000	0.0034	0.0034	0.0000	0.0129	0.0114	0.0014	−0.0066	−0.0184	0.0117
13	0.0000	0.0000	0.0000	0.0000	0.0000	0.0000	0.0000	0.0000	0.0000	0.2464	0.2464	0.0000	0.2681	0.2681	0.0000
14	0.0115	0.0160	−0.0046	0.0024	0.0024	0.0000	−0.0145	−0.0145	0.0000	−0.0114	−0.0114	0.0000	0.0000	0.0000	0.0000
15	0.0249	0.1381	−0.1132	−0.0066	−0.0280	0.0214	0.0146	0.0325	−0.0179	0.0177	0.0153	0.0024	0.0326	0.0531	−0.0205
16	−0.0798	0.2214	−0.3012	0.0163	0.0404	−0.0241	0.0299	−0.0050	0.0348	0.0125	−0.0072	0.0197	0.0493	−0.0645	0.1138
17	0.0175	0.0514	−0.0339	0.0145	0.0037	0.0108	0.0125	0.0162	−0.0037	0.0165	0.0144	0.0020	0.0181	0.0282	−0.0101
18	0.0265	0.0581	−0.0316	0.0274	0.0256	0.0018	0.0169	0.0428	−0.0258	0.0183	0.0290	−0.0107	0.0129	0.0543	−0.0415
19	−0.0368	−0.0368	0.0000	−0.0501	−0.1029	0.0528	0.0232	−0.0813	0.1045	0.1406	−0.0374	0.1780	0.0872	0.0793	0.0079
20	0.1349	0.0168	0.1181	0.0028	−0.0280	0.0309	−0.0320	−0.0069	−0.0250	0.0297	0.0072	0.0225	0.0109	0.0162	−0.0054
21	−0.0048	0.0075	−0.0122	−0.0067	−0.0067	0.0000	0.0136	0.0136	0.0000	−0.0086	−0.0086	0.0000	0.0225	0.0225	0.0000
22	0.0215	0.0830	−0.0615	0.0340	0.0171	0.0169	0.0198	0.0450	−0.0251	0.0312	0.0277	0.0035	0.0211	0.0710	−0.0499

续表

行业编号	2011 ~ 2012 年			2012 ~ 2013 年			2013 ~ 2014 年			2014 ~ 2015 年			2015 ~ 2016 年		
	CUC	TC	EC	CUC	TC	EC	CUC	TC	EC	CUC	TC	EC	CUC	TC	EC
23	0. 0413	0. 1412	−0. 0999	0. 0070	0. 0160	−0. 0090	0. 0243	0. 0558	−0. 0315	0. 0178	0. 0232	−0. 0054	0. 0180	0. 0985	−0. 0805
24	−0. 0202	0. 2158	−0. 2359	0. 0262	0. 0431	−0. 0169	−0. 0166	0. 0490	−0. 0656	0. 0034	−0. 0194	0. 0228	−0. 0308	0. 0694	−0. 1002
25	0. 0658	0. 1643	−0. 0985	0. 0101	0. 0222	−0. 0121	0. 0542	0. 0703	−0. 0161	0. 0278	0. 0151	0. 0127	−0. 0029	0. 0609	−0. 0638
26	0. 0256	0. 0747	−0. 0491	0. 0143	0. 0263	−0. 0120	0. 0012	0. 0299	−0. 0287	0. 0005	−0. 0147	0. 0152	0. 0082	0. 0684	−0. 0602
27	0. 0000	0. 0000	0. 0000	0. 0000	0. 0000	0. 0000	0. 0000	0. 0000	0. 0000	0. 0000	0. 0000	0. 0000	0. 0000	0. 0000	0. 0000
28	0. 0411	0. 2834	−0. 2423	0. 0130	−0. 0745	0. 0876	0. 0095	0. 0818	−0. 0723	−0. 0042	0. 0293	−0. 0336	0. 0150	0. 0256	−0. 0106
29	0. 0201	0. 0393	−0. 0192	0. 0112	0. 0112	0. 0000	0. 0257	0. 0257	0. 0000	0. 0277	0. 0277	0. 0000	0. 0588	0. 0588	0. 0000
30	0. 2284	0. 2284	0. 0000	0. 5833	0. 5833	0. 0000	−0. 0214	−0. 0214	0. 0000	0. 0277	0. 0277	0. 0000	0. 0154	0. 0154	0. 0000

表 5.6　产能利用变化率及其分解量的各时间段平均值（全局模型）

时段	CUC	TC	EC
2011 ~ 2012 年	0.0182	0.1110	-0.0927
2012 ~ 2013 年	0.0305	0.0328	-0.0023
2013 ~ 2014 年	0.0040	0.0102	-0.0062
2014 ~ 2015 年	0.0211	0.0136	0.0075
2015 ~ 2016 年	0.0173	0.0214	-0.0041

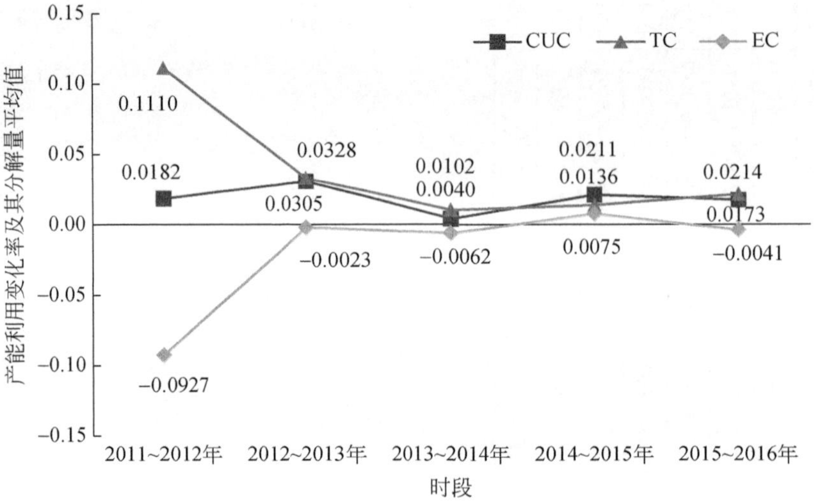

图 5.5　产能利用变化率及其分解量平均值（全局模型）走势

5.5　本 章 小 结

本章首先介绍了 5 种常用的动态绩效测度模型，即 Malmquist 生产率指数、Luenberger 生产率指数、Malmquist-Luenberger 生产率指数、Global Malmquist 生产率指数和 Global Malmquist- Luenberger 生产率指数。在此基础上，参考 Luenberger 生产率指数的构造和分解方法提出了一套动态产能利用变化率测度模型。在该模型的构造过程中，考虑到跨期方向距离函数的引入可能产生不可解、不循环的问题，进一步引入全局技术，对动态产能利用变化率测度模型及其分解方法进行改造。

实证研究中，采用与第 4 章相同的研究对象、投入产出指标和数据。测度结果表明，我国制造业30个子行业的产能利用率在2011～2016年呈现出逐步改善的趋势；技术进步是我国制造业产能利用率不断改进的主要原因；局部模型的测度结果中存在部分不可解问题，通过全局技术的引入得到了解决；局部模型中，产能利用率的测度结果在0附近出现明显的峰值，而全局模型中的产能利用率的测度结果分布更为均匀，因此全局模型比局部模型在产能过剩现象的识别能力上更具有优势；局部模型和全局模型在测度结果的走势上保持一致，但细节上存在明显差异。

本章提出的局部模型和全局模型弥补了当前产能利用率测度模型中跨期演化模型的空白，为存在非期望产出时的动态产能利用变化率测度提供了新的分析框架，实证研究结果为了解我国制造业产能利用率的变化情况及成因提供了有价值的信息，同时也为产业监管部门制定合理的去产能政策以及引导产业良性发展提供了指导和借鉴。

第 6 章　供给侧结构性改革背景下的产能利用率测度方法

供给侧结构性改革是我国在经济新常态背景下提出的一个重大理论和实践创新，自提出以来受到了学术界的广泛关注和讨论。供给和需求作为经济学研究的重要理论和分析方法，不仅在市场活动中起到决定性作用，也反映生产力和生产关系的发展程度。在当前中国经济调速换挡的关键时期，供给侧结构性改革的推行无疑会对中国乃至世界经济的长期增长产生深刻影响。因此，正确理解供给侧结构性改革的经济学基础并在行业中推广供给侧经济学理论方法是一个值得研究的问题。

去产能作为我国供给侧结构性改革的五大任务之首，是近年来我国经济活动的重点工作之一，针对广泛存在于众多行业的产能过剩问题，我国政府和各部门推行了多项政策且取得了一系列的成效。然而，目前学术界对我国供给侧结构性改革的研究主要集中在政治经济学领域，以供给侧经济学为基础的量化研究体系尚不健全，无法在当前供给侧结构性改革背景下制定合理的经济政策和支撑去产能活动。本章将在深入分析供给侧结构性改革理论基础的前提下，改造现有的基于 DEA 的产能利用率测度体系，从供给侧角度研究生产要素与产能利用率之间的关系，并进行实证研究。

本章内容的安排如下：6.1 节在介绍经济学中供给理论的基础上，对我国供给侧结构性改革进行深入分析；6.2 节采用非期望产出的 By-production 技术和中期概念，构造供给侧视角下的产能利用率测度模型；6.3 节以中国制造业为研究对象开展实证研究，并与传统模型的测度结果进行比较；6.4 节简要总结本章。

6.1 供给侧结构性改革的理论基础

近年来，供给侧结构性改革成为经济学领域的热门话题，学者们对于供给侧结构性改革的探讨主要从两个方面入手，一方面是探讨如何设计和制定政策进而推动我国供给侧结构性改革的实施和经济的持续性增长，另一方面是供给侧结构性改革的理论依据。本章重在研究供给侧结构性改革背景下我国制造业的产能利用率测度方法应该如何改进，不过多地涉及后端的政策制定过程，因此接下来将重点讨论后者的内容。

在传统经济学理论中，供给和需求是重要的经济分析工具和手段。在研究供给理论之前，我们首先需要明确供给理论指的是研究经济的总供给能力（即产能）及其增长的决定因素的理论。由于本书的研究背景是供给侧结构性改革，我们不再对需求理论进行过多的说明。在供给理论的基础上，供给侧结构性改革被认为是研究如何通过经济结构调整、经济体制改革、供给质量提高和供给能力提升等来实现一个经济体的总供给与总需求相适应等问题的行动。供给理论可以看作供给侧结构性改革的理论源头，但供给侧结构性改革的核心在于改革，因此不能简单地把供给理论看作供给侧结构性改革的理论基础。

在整个经济学发展的过程中，强调供给理论研究并认为供给比需求重要的属于古典经济学的范畴。古典经济学普遍认为“劳动创造财富”，且在古典经济学的分析方法体系中始终侧重于供给分析。古典经济学最早产生于资本主义市场经济和资本主义制度建立的时期，这一阶段大量的财富积累出自工厂的建立和工业产品的生产过程，而非产品的流通和贸易过程。因此，古典经济学在时代背景下选择了从生产过程中研究社会价值和财富创造的经济基础。威廉·配第、亚当·斯密、大卫·李嘉图等是古典经济学领域最有代表性的经济学家。威廉·配第指出，商品的价值是由劳动创造的，且货币的价值也取决于劳动。此外，现代西方经济学中的一个基础共识性观点——劳动分工促进劳动生产率的提高，进而降低生产的成本，也是由威廉·配第提出的（方福前，2017）。亚当·斯密是公认的古典政治经济学体系的创立者和西方经济学的鼻祖，他在《国富论》中介绍的理论体系也是从劳动分工开始的。他认为，劳动是国家财富的源泉，而劳动分工不但可以提高工人的劳动生产率进而增加企业的产出，而且可以从宏观经济层面上促进国家的产业发展和技术进步。由此可见，《国富论》揭示了从供给侧探寻经济增长源头的可行性，并且系统、深刻地论述了供给侧的经济分析方法和经济发展理论。被认为是英国古典政治经济学的完成者的大卫·李嘉图指出，机器的发明、技术的进步以及劳动的分工促使市场更加有利于商品交换，从而促使国民财富的增长。综合上述经济学家的论述，我们有理由认为，古典经济学起始于供给经济学，古典经济学也较为系统、深入地研究了供给在市场经济中的决定性作用。

在众多古典经济学著作问世后，马克思从供给结构角度对总供给的决定因素、总供给与总需求的关系等进行了更加深刻的分析。尽管马克思主义经济学以资本主义经济分析为目的，但在其著作中对于供给的决定因素、供给的地位和作用、供给与需求的关系等提出了诸多论断。相比上述几位古典经济学大家，马克思生活在产业革命胜利并带动工业迅速发展的时代，此时社会生产力得到极大的提高，资本主义商品经济繁荣，这使得马克思可以更全面地体察生产活动（供给）对社会经济活动起到的决定性作用，以及科学技术、分工协作等对资本主义市场经济发展和供给能力的促进作用（方福前，2017）。然而，随着工业化进程的不断推进和资本主义生产方式的确立，工业产能过剩问题接踵而至，这促使马克思重新思考他所见证的社会制度和经济活动。这样的客观条件使得马克思更为系统地对供给活动进行深入的结构性分析，这也是上述英法古典经济学没有做到的。首先，马克思针对供给经济学分析中决定和影响供给的重要因素——分工与协作、科学技术、劳动生产率等，进行了系统的结构性分析。马克思将分工与协作联系在一起进行分析，认为分工与协作提高了劳动力的劳动生产率；创造了新的生产力，即集体力；促进了从个体化生产的单个产品向社会化联合生产的社会化产品的过渡；有利于劳动工具的改进和机器的发明；推动了工艺学这门现代科学的创立（曹亚雄，2003）。马克思同时肯定了科学技术对劳动生产率的提升作用，并且科学技术的进步强化了资本的扩张能力，使得资本以一种新的形式促进社会的进步。其次，马克思进一步分析了社会再生产过程中的生产、分配、交换和消费四个环节之间的关系。他认为，生产在社会再生产过程中起着决定性作用，生产为分配、交换和消费活动提供了载体，生产活动支配着其他要素，其他活动不能起到支配作用。分配可以看作生产的一个要素，所以生产决定了其对应的分配、交换和消费活动，同时决定它们之间的关系。生产与消费的关系可以描述为，生产与消费互为中介，因为生产创造并生产出消费，但生产出的产品只有在消费中才能成为现实的产品。所以，生产（供给）与消费（需求）之间存在着相互依存又互为影响的关系。再次，马克思进一步从生产关系和制度层面对供给与供给结构的决定性作用进行了分析。他认为，生产关系或社会制度的性质决定了社会资源配置的结构，从而决定了供给与生产结构，而分配结构则是生产关系和供给结构的必然结果。最后，马克思在《资本论》中对资本主义市场经济的总供求的结构关系进行了论述。他认为，总供给就是处在市场上的产品或者能提供给市场的产品，而总需求则是市场上出现的对商品的需要以及实际的社会需要，并指出，只有在总供给结构与总需求结构相适应或相匹配的条件下，才能卖出全部产品。

综上，可以发现，上述古典经济学经典思想以劳动价值论为基础，从生产论出发，强调了供给侧对经济增长的决定性作用（袁静雪，2017）。从上述古典经济学的发展过程来看，古典经济学强调供给分析和生产分析，与边际经济学强调需求分析与消费分析有所不同，这源于两类研究范式背后不同的价值论基础，前者以劳动价值论为基础，而后者以效用价值论为基础。

古典经济学的供给理论，尤其是马克思提出的供给结构分析框架，对我国供给侧结构性改革的实施具有重要的理论指导意义。我国供给侧结构性改革的理论依据是供给经济学，核心在于加快经济结构调整，包括供需结构、企业结构、产业结构、全球价值链分工等。我国当前的经济问题既存在于供给侧，也存在于需求侧。一方面，产能过剩、库存过多问题普遍存在于众多基础性产业中；另一方面，经济增速换挡，民众对经济增长的信心不足，使得经济发展的需求不足。

我们要认识到，一系列去产能行动的实施，必然引发产业局部"关停并转"等问题，经济下行、失业加剧等问题也将接踵而来。然而，这些问题是可以通过适当的政策手段解决的，如积极的财政政策和灵活稳健的货币政策。因此，中国的供给侧结构性本质上并不是简单地从供给侧发力，而是从供需两端发力，通过引导型政策与改革手段推进结构性调整并保持经济的持续稳定增长。

现阶段中国面临的经济问题与20世纪英美等国的经济形势有诸多不同，我国政府提出的供给侧结构性改革也是从我国进一步发展的需要出发，针对我国现阶段存在的主要问题，并非源自某种现成的经济学理论。实际上，自确立社会主义市场经济体制以来，我国政府出台的众多经济政策都是从我国的国情和现实需求出发的。因此，我国目前推行的供给侧结构性改革需要在借鉴包括马克思经济学供给理论在内的古典经济学思想基础上，结合我国经济实践，拓展现有中国特色的社会主义供给理论，设计出适用于中国经济问题的结构性改革方案和政策组合。

6.2 基于By-production技术的中期产能利用率测度模型

传统经济学中的长期和短期概念是以劳动者能否变动全部的生产要素投入数量为划分依据的。短期内，生产者无法对其数量进行调整的生产要素被定义为固定投入（不变投入），而可以进行数量调整的生产要素则被定义为可变投入。长期下，通常认为所有的生产要素数量都是可以任意变动的，即不存在固定投入。值得说明的是，长期和短期的划分并没有严格的时间标准，因为对于不同的生产主体，其生产要素变动所需的时间是不同的。例如，一个大型制造业企业的生产规模变动往往需要三年甚至更长时间，而一个小型食品加工企业的规模变动只需一个月。

供给侧结构性改革背景下，我国明确了“三去一降一补”五项主要任务，其中去产能被列为五大任务之首，可见化解产能过剩问题在供给侧结构性改革中被摆在了极为重要的位置。制造业作为供给侧结构性改革的主战场，在近年来的去产能行动中成效初显，淘汰了大批落后的产能，促进了行业的健康可持续发展。淘汰落后产能的行为在传统经济学中被认为是固定投入的削减，这种变动通常是不会发生在短期经济分析中的，然而这种短时间内固定投入的快速变动也很难被划归为长期经济分析的范畴。在此背景下，本研究创新性地提出中期经济概念，旨在解释供给侧结构性改革背景下固定投入可以按照设定好的比例或者数量快速缩减的现象。

为了在产能利用率测度过程中引入中期经济概念，我们将对传统方向距离函数进行改良，在方向向量中添加固定投入对应的方向分量。通过添加这一分量可以起到人为设定固定投入淘汰比例的作用，详细的分析见后文。

本书 4.1 节已经介绍了目前常见的 4 种非期望产出的处理方法，其中弱可处置性方法通过关联期望产出与非期望产出实现模型对非期望产出的限制，而 By-production 技术在对产出类型及其生产技术进行划分的基础上，通过关联投入与不同类型的产出实现对非期望产出的限制。由于本章主要研究供给侧结构性改革背景下的产能利用问题，即从供给侧视角研究我国制造业的产能利用率测度方法，我们将介绍如何利用 By-production 技术构造中期视角下的产能利用率测度模型。

首先，我们对 By-production 技术的核心内容进行说明，在厂商的生产过程中，往往存在着非期望产出，它是伴随着期望产出的副产品。By-production 技术将期望产出生产技术（T_1）与副产品（非期望产出）生产技术（T_2）分开进行定义，By-production 技术则被定义为以上两种技术的交集，即 $T_{BP}=T_1\cap T_2$。其次，投入指标被划分为两类：非污染物关联型投入（X_1）和污染物关联型投入（X_2）。期望产出生产技术用于描述非污染物关联型投入与期望产出之间的数量关系，通常假设这一技术满足投入和期望产出的强可处置性，在规模收益不变的情况下可以表示为

$$T_1=\{(X_1,X_2,Y,B)\mid\lambda_1X_1\leqslant x_1,\lambda_1Y\geqslant y\}\tag{6.1}$$

非期望产出生产技术用于描述污染物关联型投入与非期望产出之间的数量关系，通常假设这类投入与非期望产出满足成本可处置性，具体如下：

$$T_2=\{(X_1,X_2,Y,B)\mid\lambda_2X_2\geqslant x_2,\lambda_2B\leqslant b\}\tag{6.2}$$

对上述两生产技术求交集，可得到 By-production 技术为

$$T_{BP}=T_1\cap T_2=\{(X_1,X_2,Y,B)\mid\lambda_1X_1\leqslant x_1,\lambda_1Y\geqslant y,\lambda_2X_2\geqslant x_2,\lambda_2B\leqslant b\}\tag{6.3}$$

通过多重生产技术的定义，我们可以分别计算出厂商生产过程中的技术效率和环境效率。此外，这一技术相比其余三种非期望产出处理技术的优势在于，根据生产要素与不同产出的关联关系对变量进行约束，更加贴近管理和生产活动的实际情况。

接下来，我们采用上述的 By-production 技术对我国制造业在供给侧结构性改革背景下的产能利用率测度模型进行构造。在采用 By-production 技术构造模型的过程中，需要根据是否与非期望产出的生产具有直接关系对投入变量进行划分。因此，我们直接采用前两章实证研究中的我国制造业实际投入产出指标的缩写符号进行模型构造。具体的投入产出指标符号见表 6.1，中国制造业生产过程的概念模型如图 6.1 所示。可以发现，在制造业生产过程中，非污染物关联型投入（资产总计和劳动力）连同污染物关联型投入（能源消耗总量），共同转化为期望产出（工业总产值），而污染物关联型投入（能源消耗总量）单独转化为非期望产出（CO_2排放量）。

表 6.1　中国制造业投入产出指标符号对照表

变量	符号	类型
资产总计	A	非污染物关联型投入
劳动力	L	非污染物关联型投入
能源消耗总量	E	污染物关联型投入
工业总产值	Y	期望产出
CO_2排放量	B	非期望产出（污染物）

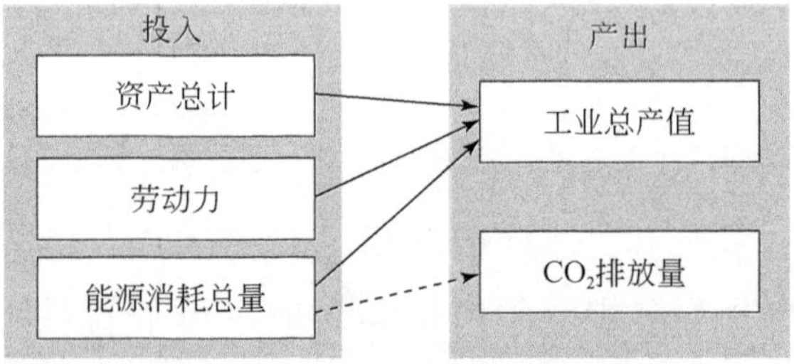

图 6.1　中国制造业生产过程概念模型

假设被评价的制造业产业共有 $J(j=1,\ 2,\ \cdots,\ J)$ 个，不同产业的规模收益可变，则满足非污染物关联型投入与期望产出强可处置性的期望产出生产技术可以表示为

$$T_1 = \left\{ (A, L, E, Y, B) \left| \begin{array}{l} \sum_{j=1}^{J} \lambda_j^1 A_j \leqslant A, \sum_{j=1}^{J} \lambda_j^1 L_j \leqslant L, \\ \sum_{j=1}^{J} \lambda_j^1 E_j \leqslant E, \sum_{j=1}^{J} \lambda_j^1 Y_j \geqslant Y, \\ \sum_{j=1}^{J} \lambda_j^1 = 1, \lambda_j^1 \geqslant 0 \forall j \end{array} \right. \right\} \tag{6.4}$$

满足污染物关联型投入与期望产出成本处置性的非期望产出生产技术可以表示为

$$T_2 = \left\{ (A, L, E, Y, B) \left| \begin{array}{l} \sum_{j=1}^{J} \lambda_j^2 E_j \geqslant E, \sum_{j=1}^{J} \lambda_j^2 B_j \leqslant B, \\ \sum_{j=1}^{J} \lambda_j^2 = 1, \lambda_j^2 \geqslant 0 \forall j \end{array} \right. \right\} \tag{6.5}$$

按照 Murty 等（2012）对 By-production 技术的定义，我们将其表示为 T_1 和 T 的交集，如下：

$$T_{BP} = T_1 \cap T_2 = \left\{ (A, L, E, Y, B) \left| \begin{array}{l} \sum_{j=1}^{J} \lambda_j^1 A_j \leqslant A, \sum_{j=1}^{J} \lambda_j^1 L_j \leqslant L, \\ \sum_{j=1}^{J} \lambda_j^1 E_j \leqslant E, \sum_{j=1}^{J} \lambda_j^1 Y_j \geqslant Y, \\ \sum_{j=1}^{J} \lambda_j^2 E_j \geqslant E, \sum_{j=1}^{J} \lambda_j^2 B_j \leqslant B, \\ \sum_{j=1}^{J} \lambda_j^1 = 1, \lambda_j^1 \geqslant 0 \forall j, \\ \sum_{j=1}^{J} \lambda_j^2 = 1, \lambda_j^2 \geqslant 0 \forall j \end{array} \right. \right\}$$

(6.6)

为了估计被评对象的相对运行效率，我们引入方向向量 $\boldsymbol{g} = (-g^A, g^Y, -g^B)$，这一方向向量与传统仅包含期望产出方向与非期望产出分量的方向向量 $\boldsymbol{g} = (g^Y, -g^B)$ 不同，因为我们引入了固定投入变化的方向分量 g^A，这意味着固定资产（包含设备、厂房等）可以在供给侧结构性改革中根据实际过剩情况进行拆除，这里也体现了与“经济学中短期固定投入的不可任意支配性”的不同设定。短期视角和中期视角下固定投入与期望产出的改进路径的区别如图 6.2 所示，图中短期视角下被评对象在固定的资产总计水平下通过自身资源配置和技术改进朝着期望产出增长的方向改进，而中期视角下被评对象则是通过判断固定投入是否过剩以及技术是否有效从而朝着固定投入和期望产出同时优化的方向改进。

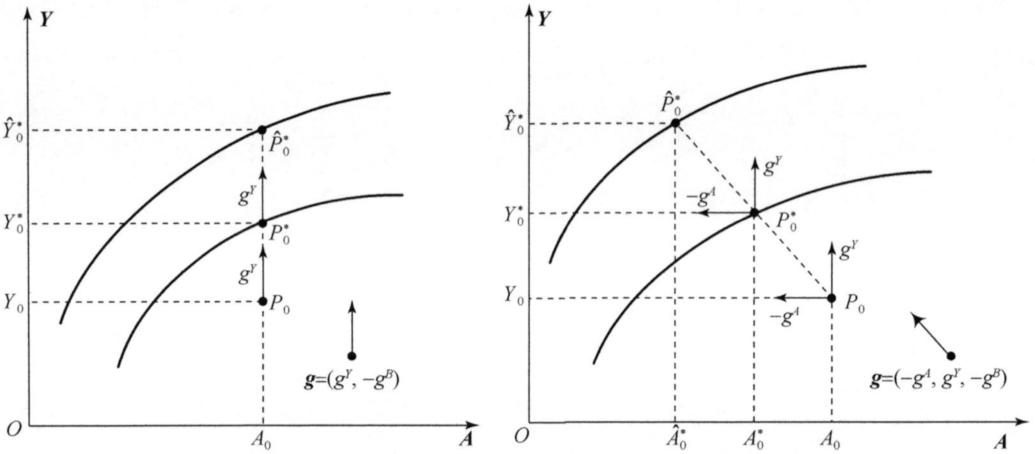

(a) 短期视角　　(b) 中期视角

图 6.2　短期视角与中期视角下固定投入与期望产出的改进路径对比

因此，我们可以构造对 DMU_k 的（受限）方向距离函数：

$$
D_k = \max\left\{\beta \left| \begin{array}{l}
\sum_{j=1}^{J} \lambda_j^1 A_j \leqslant A_k - \beta g^A,\ \sum_{j=1}^{J} \lambda_j^1 L_j \leqslant L_k, \\
\sum_{j=1}^{J} \lambda_j^1 E_j \leqslant E_k,\ \sum_{j=1}^{J} \lambda_j^1 Y_j \geqslant Y_k + \beta g^Y, \\
\sum_{j=1}^{J} \lambda_j^2 E_j \geqslant E_k,\ \sum_{j=1}^{J} \lambda_j^2 B_j \leqslant B_k - \beta g^B, \\
\sum_{j=1}^{J} \lambda_j^1 = 1,\ \lambda_j^1 \geqslant 0\ \forall j, \\
\sum_{j=1}^{J} \lambda_j^2 = 1,\ \lambda_j^2 \geqslant 0\ \forall j, \\
\beta \text{ free}
\end{array} \right.\right\} \tag{6.7}
$$

这里得到的 D_k^* 代表 DMU_k 的整体运行无效性，其中包括技术无效性和环境无效性，可以根据期望产出生产技术和非期望产出生产技术分别构造方向距离函数求得，由于本书研究重点在于产能利用情况，所以不再展开介绍。具体地，方向距离函数属于加性测度，$D_k^*=0$ 时表示 DMU_k 的整体运行有效，否则无效。

进一步，为了测度产能利用率，我们放宽模型中对可变投入的约束，则 By-production 技术可以转化为

$$\hat{T}_{\mathrm{BP}}=\left\{(A,\ L,\ E,\ Y,\ B)\left|\begin{array}{l}\sum_{j=1}^{J}\lambda_j^1 A_j\leqslant A,\ \sum_{j=1}^{J}\lambda_j^1 L_j=\delta^L L,\\ \sum_{j=1}^{J}\lambda_j^1 E_j=\delta^E E,\ \sum_{j=1}^{J}\lambda_j^1 Y_j\geqslant Y,\\ \sum_{j=1}^{J}\lambda_j^2 E_j=\delta^E E,\ \sum_{j=1}^{J}\lambda_j^2 B_j\leqslant B,\\ \sum_{j=1}^{J}\lambda_j^1=1,\ \lambda_j^1\geqslant 0\,\forall j,\\ \sum_{j=1}^{J}\lambda_j^2=1,\ \lambda_j^2\geqslant 0\,\forall j\end{array}\right.\right\} \tag{6.8}$$

模型（6.8）中添加了关于可变投入的缩放因子 δ^L 和 δ^E，使得模型可以通过求解 δ^L 和 δ^E 的最优值实现识别最优可变投入的功能。在该技术的基础上，我们可以进一步构造不受限方向距离函数，具体如下：

$$\hat{D}_k=\max\left\{\beta\left|\begin{array}{l}\sum_{j=1}^{J}\lambda_j^1 A_j\leqslant A_k-\beta g^A,\ \sum_{j=1}^{J}\lambda_j^1 L_j=\delta_k^L L_k,\\ \sum_{j=1}^{J}\lambda_j^1 E_j=\delta_k^E E_k,\ \sum_{j=1}^{J}\lambda_j^1 Y_j\geqslant Y_k+\beta g^Y,\\ \sum_{j=1}^{J}\lambda_j^2 E_j=\delta_k^E E_k,\ \sum_{j=1}^{J}\lambda_j^2 B_j\leqslant B_k-\beta g^B,\\ \sum_{j=1}^{J}\lambda_j^1=1,\ \lambda_j^1\geqslant 0\,\forall j,\\ \sum_{j=1}^{J}\lambda_j^2=1,\ \lambda_j^2\geqslant 0\,\forall j,\\ \beta\,\mathrm{free},\ \delta_k^L\geqslant 0,\ \delta_k^E\geqslant 0\end{array}\right.\right\} \tag{6.9}$$

该模型求得的最优值 $\hat{D}_k^*$ 代表实际运行状态与全产能运行状态相差的程度。同时，利用 $\hat{D}_k^*$ 可以得到合理固定投入量 $\hat{A}_k^* = A_k - \hat{D}_k^* g^A$，即通过提升技术效率和环境效率并拆除过剩固定投入后对应的固定投入合理值。此外，根据模型（6.9）求解的缩放因子值，我们可以得到可变投入劳动力的最优值 $L_k^* = \delta_k^{L*} L_k$ 和能源消费总量的最优值 $E_k^* = \delta_k^{E*} E_k$。

由于模型（6.9）中的约束条件比模型（6.7）少，则 $\hat{D}_k^* \geqslant D_k^*$ 恒成立，我们定义产能利用率为

$$\mathrm{CU}_k^* = \hat{D}_k^* - D_k^* \tag{6.10}$$

当 $\mathrm{CU}_k^* = 0$ 时，代表在供给侧视角下被评对象的产能已被充分利用，即无须通过拆除固定资产或增加可变投入来提升产能利用率；否则说明被评对象存在产能过剩现象，需要通过拆除固定资产或增加可变投入来提升产能利用率。

由于此模型从供给侧角度分别得到了有效固定投入量和合理固定投入量，我们可以进一步定义固定投入（资产总计）的合理性（fixed input rationality，FIR），具体如下：

$$\mathrm{FIR}_k = \frac{\hat{A}_k^*}{A_k} \tag{6.11}$$

6.3 供给侧结构性改革背景下的中国制造业产能利用率实证研究

本节中，我们同样沿用与前两章中相同的实例，研究我国制造业在供给侧结构性改革背景下的产能利用率情况，本节将在分析各行业产能利用率的基础上，从供给侧重点研究各种生产要素的供给情况（包括过量、合理和不足），从而为各行业重新配置内部资源提供参考。

在实证研究中，我们采用与前两章相同的投入、产出指标和数据，根据6.2节中提出模型的需要，设定方向向量为 $\boldsymbol{g} = (-g^A, g^Y, -g^B) = (-A_0, Y_0, -B_0)$，其中 (A_o, Y_o, B_o) 表示被评对象 DMU_0 的固定投入和产出组成的向量。式（6.7）和式（6.9）对应的 Matlab 程序见附录。根据我们的计算，各

行业在2011～2016年的产能利用率见表6.2。

根据产能利用率的计算结果，有4个行业在2011～2016年产能利用率计算结果始终处于0，即处于产能被完全利用的状态，这4个行业分别为行业1（农副食品加工业）、行业27（计算机、通信和其他电子设备制造业）、行业29（其他制造业）和行业30（废弃资源综合利用业）。相比第4章中的产能利用率测度结果，我们可以发现原本行业29没有始终处于产能完全利用的状态，说明在供给侧结构性改革背景下，该行业可以通过拆除固定资产达到产能完全利用的状态。此外，在第4章中行业5（纺织业）和行业13（石油加工、炼焦和核燃料加工业）的产能利用率表现优异，然而此处并没有达到产能持续完全利用，说明这两个行业仍然存在拆除固定资产的必要。此外，我们针对各行业在2011～2016年的平均产能利用率进行计算，并按照计算结果进行排名。分析可得，在产能利用方面表现较差的5个行业分别为行业4（烟草制品业）、行业22（通用设备制造业）、行业23（专用设备制造业）、行业20（有色金属冶炼和压延加工业）和行业24（汽车制造业）。此结果相比第3章中表现较差的5个行业，有3个行业保持一致，此外未出现的有行业16（化学纤维制造业）和行业25（铁路、船舶、航空航天和其他运输设备制造业），新增的有行业22（通用设备制造业）和行业23（专用设备制造业），因此，可以说本章中的模型与第4章中的模型仍然具有一定的一致性。

表6.2　中国制造业产能利用率测度结果（By-production模型）

行业编号	2011年	2012年	2013年	2014年	2015年	2016年	均值（排名）	排名变动
1	0.0000	0.0000	0.0000	0.0000	0.0000	0.0000	0.0000（1）	—
2	0.0746	0.0000	0.0026	0.0074	0.0060	0.0000	0.0151（7）	-6
3	0.1092	0.0092	0.0101	0.0181	0.0170	0.0246	0.0314（12）	-11
4	0.5711	0.3172	0.2977	0.2934	0.3099	0.2176	0.3345（30）	+2
5	0.0000	0.0348	0.0000	0.0000	0.0000	0.0000	0.0058（5）	+5
6	0.0045	0.0272	0.0409	0.0487	0.0512	0.0626	0.0392（14）	+8
7	0.0188	0.0087	0.0486	0.0582	0.0414	0.0569	0.0388（13）	+2
8	0.1768	0.0000	0.0000	0.0000	0.0000	0.0000	0.0295（10）	-4
9	0.2166	0.0306	0.0715	0.0312	0.0420	0.0000	0.0653（18）	+1
10	0.0869	0.0102	0.0130	0.0213	0.0183	0.0315	0.0302（11）	-14

续表

行业编号	2011 年	2012 年	2013 年	2014 年	2015 年	2016 年	均值（排名）	排名变动
11	0.2848	0.2774	0.0097	0.0383	0.0342	0.0468	0.1152（24）	+9
12	0.0000	0.0231	0.0581	0.0688	0.0649	0.0870	0.0503（15）	+6
13	0.0754	0.0841	0.1103	0.1082	0.1900	0.2354	0.1339（25）	+24
14	0.0459	0.0364	0.0336	0.0355	0.0881	0.0711	0.0518（16）	+10
15	0.0438	0.0008	0.0046	0.0082	0.0068	0.0113	0.0126（6）	-14
16	0.3071	0.0535	0.0558	0.0645	0.0736	0.0990	0.1089（23）	-7
17	0.0029	0.0044	0.0211	0.0234	0.0289	0.0272	0.0180（8）	+4
18	0.0905	0.0698	0.0788	0.0762	0.0816	0.0799	0.0795（20）	+4
19	0.0000	0.0192	0.0848	0.1492	0.1773	0.1932	0.1040（22）	+1
20	0.1946	0.2450	0.2408	0.2308	0.2430	0.2524	0.2344（27）	-2
21	0.1631	0.1474	0.0000	0.0000	0.0000	0.0000	0.0518（16）	+8
22	0.1807	0.2942	0.2841	0.2647	0.2805	0.2924	0.2661（29）	+10
23	0.3386	0.3449	0.2317	0.2042	0.1338	0.1838	0.2395（28）	+4
24	0.3468	0.1818	0.1656	0.1269	0.1281	0.0784	0.1713（26）	—
25	0.0967	0.0039	0.0064	0.0102	0.0092	0.0154	0.0236（9）	-18
26	0.0981	0.0637	0.0654	0.0668	0.0748	0.0579	0.0711（19）	-1
27	0.0000	0.0000	0.0000	0.0000	0.0000	0.0000	0.0000（1）	—
28	0.2960	0.1873	0.0000	0.0000	0.0000	0.0000	0.0806（21）	+3
29	0.0000	0.0000	0.0000	0.0000	0.0000	0.0000	0.0000（1）	—
30	0.0000	0.0000	0.0000	0.0000	0.0000	0.0000	0.0000（1）	—
均值	0.1275	0.0825	0.0645	0.0651	0.0700	0.0720	0.0801	—

我们对不同行业在 2011～2016 年的产能利用率平均值进行计算，结果见表 6.1 的最后一行，同时我们根据测度结果绘制了产能利用率平均值的走势图，如图 6.3 所示。结果显示，我国制造业的产能利用率平均水平在 2011 年处于较高水平（0.1275），2012～2016 年产能利用率平均值在 0.07 附近小幅波动，此结果与第 4 章中的结果保持一致，同样体现了此模型与基于非期望产出弱可处置性的模型的一致性。

由于本章从供给侧出发，提出的模型具有识别最优固定投入值的功能，我们对研究期间各行业的固定投入最优值和固定投入合理性进行测度。测度得到的固定投入合理性测度结果见表 6.3。为了便于分析，我们绘制了如图 6.4 所示的固定投入合理性测度结果分布图。从结果上看，除了行业 1（农副食品加

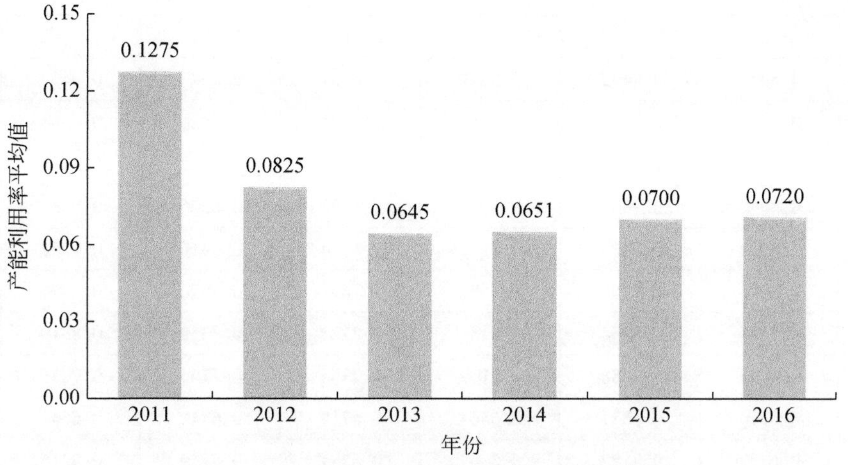

图 6.3　产能利用率平均值走势（供给侧模型）

工业）、行业 27（计算机、通信和其他电子设备制造业）和行业 30（废弃资源综合利用业）以外的其他行业普遍存在着固定投入过剩的现象，其中固定投入过剩现象较严重的行业为行业 10（造纸和纸制品业）、行业 15（医药制造业）、行业 16（化学纤维制造业）、行业 23（专用设备制造业）和行业 25（铁路、船舶、航空航天和其他运输设备制造业）。

表 6.3　中国制造业固定投入合理性测度结果

行业编号	2011 年	2012 年	2013 年	2014 年	2015 年	2016 年	均值
1	1.0000	1.0000	1.0000	1.0000	1.0000	1.0000	1.0000
2	0.7353	0.8175	0.8243	0.8317	0.8340	0.8292	0.8120
3	0.5989	0.6885	0.6837	0.6980	0.6998	0.6878	0.6761
4	0.4289	0.6828	0.7023	0.7066	0.6901	0.7824	0.6655
5	0.8329	0.8248	0.8450	0.8672	0.8886	0.8851	0.8573
6	0.7658	0.8681	0.8783	0.8922	0.9003	0.8881	0.8655
7	0.7148	0.9507	0.8916	0.9408	0.9586	0.9431	0.8999
8	0.7600	1.0000	1.0000	1.0000	1.0000	1.0000	0.9600
9	0.5633	0.8548	0.8533	0.8627	0.8509	0.8596	0.8074
10	0.5569	0.6387	0.6224	0.6429	0.6450	0.6419	0.6246
11	0.4928	0.7226	0.7649	0.7653	0.7734	0.7599	0.7132
12	1.0000	0.9769	0.9419	0.9312	0.9351	0.9130	0.9497
13	0.9246	0.9159	0.8897	0.8918	0.8100	0.7646	0.8661
14	0.9507	0.9541	0.9664	0.9645	0.9119	0.9289	0.9461

续表

行业编号	2011 年	2012 年	2013 年	2014 年	2015 年	2016 年	均值
15	0.5970	0.6492	0.6641	0.6757	0.6677	0.6419	0.6493
16	0.4629	0.6687	0.6649	0.6725	0.6726	0.6563	0.6330
17	0.7856	0.8075	0.8096	0.8337	0.8335	0.8188	0.8148
18	0.8046	0.7665	0.8025	0.8296	0.8306	0.8387	0.8121
19	1.0000	0.9808	0.9152	0.8484	0.7416	0.7262	0.8687
20	0.8054	0.7550	0.7592	0.7692	0.7570	0.7476	0.7656
21	0.7758	0.8054	0.8154	0.8121	0.8358	0.8319	0.8127
22	0.8193	0.7058	0.7159	0.7353	0.7195	0.7076	0.7339
23	0.6614	0.6551	0.6564	0.6719	0.6712	0.6641	0.6634
24	0.6532	0.8182	0.8344	0.8731	0.8719	0.9216	0.8287
25	0.4857	0.5587	0.5508	0.5901	0.6007	0.5731	0.5599
26	0.8966	0.8613	0.8644	0.8818	0.8722	0.8801	0.8761
27	1.0000	1.0000	1.0000	1.0000	1.0000	1.0000	1.0000
28	0.6339	0.7652	1.0000	1.0000	1.0000	1.0000	0.8999
29	0.3310	0.8208	0.8127	0.8608	0.8239	0.9052	0.7591
30	1.0000	1.0000	1.0000	1.0000	1.0000	1.0000	1.0000

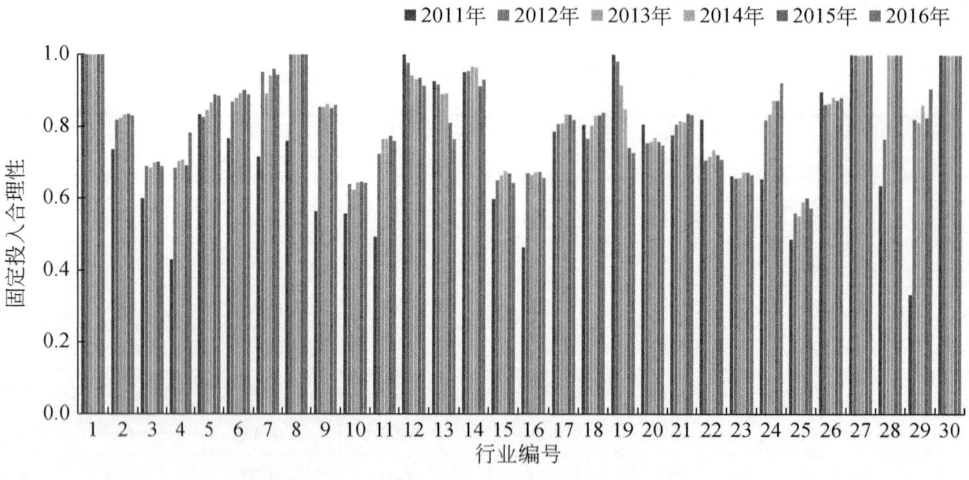

图 6.4　固定投入合理性测度结果

此外，本章中提出的模型还具有识别最优可变投入值的功能，劳动力要素缩放因子（δ_k^{L*}）测度结果见表 6.4，我们将其减 1 转为劳动力要素扩张或缩减需求比例，并绘制出图 6.5。当需求比例的值大于 0 时，代表该行业为了满足当年产能完全利用的需要仍需增加对应比例的劳动力要素，当需求比例的值小于 0 时，反映该行业当年的劳动要素超过了满足产能完全利用所属劳动力规模的对应比例。从结果来看，行业 4（烟草制品业）、行业 13（石油加工、炼焦和核燃料加工业）、行业 14（化学原料和化学制品制造业）、行业 16（化学纤维制造业）、行业 19（黑色金属冶炼和压延加工业）和行业 20（有色金属冶炼和压延加工业）存在着明显的劳动力要素不足的现象。其中，行业 4（烟草制品业）在 2011 年的 δ_k^{L*} 测度结果达到了 11.8606，代表着当年该行业的劳动力数量需要扩张超过 10 倍才能够满足当年开发产能的需求。然而，行业 5（纺织业）、行业 6（纺织服装、服饰业）、行业 7（皮革、毛皮、羽毛及其制品和制鞋业）、行业 9（家具制造业）、行业 17（橡胶和塑料制品业）、行业 18（非金属矿物制品业）、行业 21（金属制品业）、行业 22（通用设备制造业）和行业 29（其他制造业）具有持续性的劳动力过剩现象，需要根据测度结果缩减不必要的劳动力投入。

表 6.4　劳动力要素缩放因子测度结果

行业编号	2011 年	2012 年	2013 年	2014 年	2015 年	2016 年
1	1.0000	1.0000	1.0000	1.0000	1.0000	1.0000
2	1.4852	0.9799	0.9552	0.9700	0.9585	0.9623
3	1.8886	1.2052	1.1690	1.1624	1.1333	1.1700
4	11.8606	3.7929	7.7584	7.5380	11.0061	5.1559
5	0.5746	0.5648	0.6335	0.6439	0.6537	0.6723
6	0.6766	0.4557	0.4286	0.4341	0.4403	0.4580
7	0.9212	0.3562	0.5013	0.4913	0.5010	0.5249
8	1.8506	1.0000	1.0000	1.0000	1.0000	1.0000
9	1.6250	0.4169	0.5014	0.7175	0.6777	1.0513
10	1.7816	1.2386	1.2279	1.2537	1.2522	1.3003
11	1.7305	0.4827	0.6148	0.8254	0.8330	0.8560
12	1.0000	0.6428	0.5760	0.6841	0.6645	0.6722
13	3.5803	3.5075	3.4876	3.4127	3.0807	3.1805
14	1.6821	1.7758	1.7791	1.8173	1.8177	1.6694
15	1.3175	1.0180	1.0807	1.0995	1.0913	1.1046
16	5.0738	2.3727	2.0614	1.9492	1.8853	1.8869
17	0.8630	0.7399	0.7787	0.7915	0.7791	0.7827
18	0.8738	0.8530	0.9342	0.9495	0.9213	0.8182
19	1.0000	2.2333	2.1166	2.0552	1.7489	1.6735

续表

行业编号	2011 年	2012 年	2013 年	2014 年	2015 年	2016 年
20	1.8489	1.8587	1.8481	1.9108	1.8797	1.9313
21	0.9724	0.8397	0.8029	0.8425	0.7984	0.8190
22	0.9310	0.7760	0.8285	0.8496	0.8380	0.8545
23	1.0104	0.9216	0.9198	0.9529	0.9241	0.9380
24	1.6597	1.3698	1.4855	1.4250	1.4890	1.4259
25	1.3758	1.0987	1.1231	1.1291	1.1368	1.1595
26	1.0923	1.0647	1.0735	1.0687	1.0542	1.0354
27	1.0000	1.0000	1.0000	1.0000	1.0000	1.0000
28	1.9349	1.6353	0.9751	0.8277	0.6360	0.6661
29	0.7615	0.3823	0.4264	0.4103	0.4283	0.4385
30	1.0000	1.0000	1.0000	1.0000	1.0000	1.0000

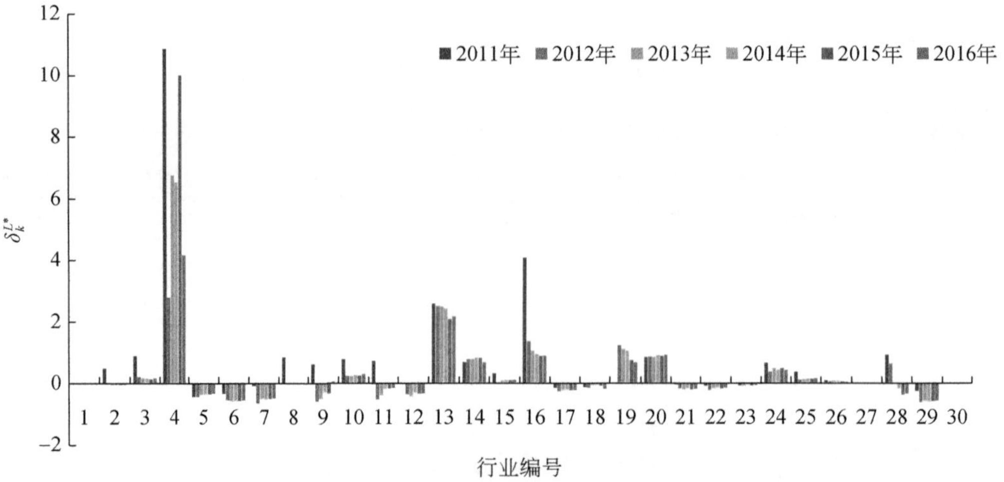

图 6.5　劳动力要素扩张与缩减需求分布

类似地，能源要素缩放因子（δ_k^{E*}）测度结果见表 6.5，我们采用与劳动力要素缩放因子同样的处理方法并绘制如图 6.6 所示的分布图。具体地，行业 4（烟草制品业）、行业 6（纺织服装、服饰业）、行业 7（皮革、毛皮、羽毛及其制品和制鞋业）、行业 9（家具制造业）、行业 12（文教、工美、体育和娱乐用品制造业）、行业 18（非金属矿物制品业）、行业 24（汽车制造业）和行业 26（电气机械和器材制造业）存在着明显的能源要素不足的现象。其中，行业 12（文教、工美、体育和娱乐用品制造业）在 2014 年的 δ_k^{E*} 测度结果达到了4.0821，代表着当年该行业的能源消费总量需要扩张超过3倍才能够满足当年开发产能的需求。然而，行业5（纺织业）、行业10（造纸和纸制品业）、行业13（石油加工、炼焦和核燃料加工业）、行业14（化学原料和化学制品制造业）、行业16（化学纤维制造业）、行业19（黑色金属冶炼和压延加工业）、行业20（有色金属冶炼和压延加工业）、行业21（金属制品业）、行业22（通用设备制造业）、行业23（专用设备制造业）、行业25（铁路、船舶、航空航天和其他运输设备制造业）和行业29（其他制造业）具有明显的能源过剩现象，需要根据测度结果适当缩减不必要的能源消费量。

从总体可变投入缩放因子测度结果来看，我国制造业产业能源要素相比劳动力要素过剩更为严重，这也是我国制造业环境效率不高的原因，因此在全社会范围内推行节能减排的力度还有待继续加强。

表6.5　能源要素缩放因子测度结果

行业编号	2011年	2012年	2013年	2014年	2015年	2016年
1	1.0000	1.0000	1.0000	1.0000	1.0000	1.0000
2	0.5523	0.9049	1.0477	1.1064	1.0846	0.9423
3	0.6318	1.2085	1.1909	1.2668	1.2303	1.1491
4	1.2806	2.1514	1.7799	2.1095	2.2224	1.4962
5	0.3585	0.3459	0.4030	0.4358	0.4170	0.3866
6	1.0157	1.7511	2.0663	2.1583	2.0713	1.8903
7	1.0847	1.2994	2.4734	2.5446	2.2143	2.0043
8	0.3475	1.0000	1.0000	1.0000	1.0000	1.0000
9	0.9629	1.5950	2.3756	1.8319	2.0624	1.5005
10	0.2047	0.3682	0.4367	0.4414	0.4004	0.3512
11	0.4132	0.6687	1.2750	1.8098	1.6683	1.5381
12	1.0000	1.4618	3.6782	4.0821	3.7742	3.2853
13	0.1381	0.1320	0.1637	0.1565	0.1213	0.1174
14	0.1650	0.0721	0.0636	0.0625	0.0648	0.0723
15	0.6959	1.0193	1.0393	1.1028	1.0888	1.0664
16	0.2082	0.6059	0.5731	0.5328	0.4393	0.3748
17	1.0090	1.1497	1.4091	1.4139	1.3956	1.3039

续表

行业编号	2011 年	2012 年	2013 年	2014 年	2015 年	2016 年
18	1.3169	1.2080	1.3711	1.4168	1.4550	1.4340
19	1.0000	0.0907	0.0766	0.0862	0.1083	0.1200
20	0.0438	0.0430	0.0518	0.0543	0.0587	0.0600
21	0.1135	0.1412	0.1738	0.1755	0.1439	0.1352
22	0.7514	0.6869	0.7872	0.8133	0.8413	0.7640
23	0.5315	0.6443	0.8689	0.8894	0.9118	0.8521
24	1.3961	1.5240	1.7689	1.7754	1.8775	1.9796
25	0.2951	0.6003	0.6970	0.6833	0.6583	0.5901
26	1.1588	1.1606	1.2687	1.3611	1.4236	1.4419
27	1.0000	1.0000	1.0000	1.0000	1.0000	1.0000
28	0.6793	0.7543	1.0000	1.0000	1.0000	1.0000
29	0.0619	0.0664	0.1061	0.1114	0.1127	0.1329
30	1.0000	1.0000	1.0000	1.0000	1.0000	1.0000

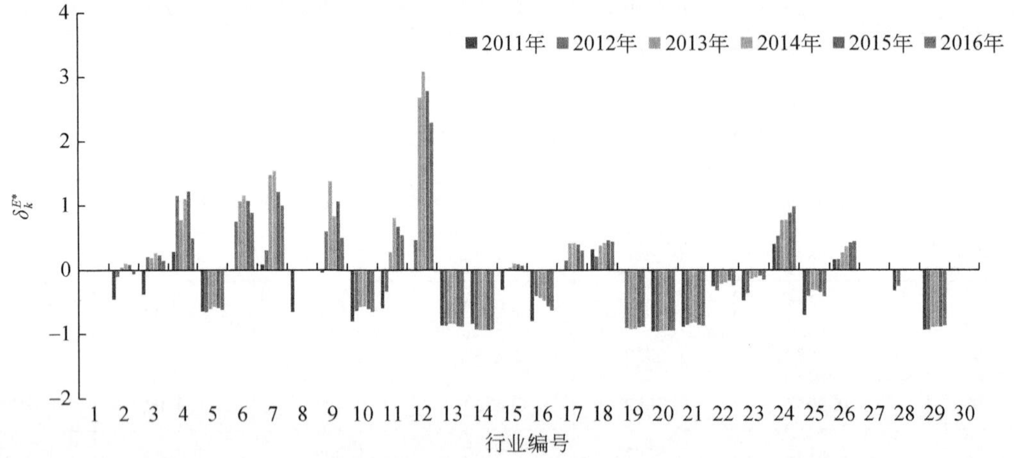

图 6.6 能源要素扩张与缩减需求分布

6.4 本章小结

本章首先梳理了古典经济学理论中供给侧理论的主要观点，在此基础上对我国现阶段推行的供给侧结构性改革进行经济学分析。在此基础上，引入关于非期望产出的 By-production 技术以及中期经济概念，构造了适用于我国现阶段供给侧结构性改革背景下固定资产可拆除下的产能利用率测度模型。

在实证研究中，我们采用与前两章中相同的研究对象、投入产出指标和数据。研究结果显示，本章提出的模型在实证研究结果上与第 4 章中提出的模型具有一定的一致性，然而细节处的不同也说明了引入中期概念和 By-production 技术的必要性；产能利用率的平均值在 2011 年明显高于其余年份，其余年份整体保持稳定并小幅波动；除行业 1、行业 27 和行业 30 以外的其余行业都存在着一定程度的固定投入过剩现象；各行业在 2011 ~ 2016 年劳动力与能源要素的不足或过剩情况显示，我国制造业产业能源要素相比劳动力要素的过剩问题更为严重，这也是我国制造业环境效率不高的原因。

本章提出的产能利用率测度模型区别于传统模型，可以在指定方向上对固定投入进行缩减，弥补了当前产能利用率测度模型不适用于我国供给侧结构性改革背景的不足，为中期视角和去产能实践下存在非期望产出时的产能利用率测度提供了新的分析框架。此外，实证研究结果从供给侧角度为了解我国制造业固定投入和可变投入的合理性，以及产能利用率的变化情况提供了重要指导信息，同时也为制造业企业制定资源配置计划，以及监管部门因势利导、制定相应的去产能政策提供了参考信息。

第 7 章　结论与展望

近年来，我国经济面临复杂严峻的国内外形势，供给侧结构性改革顺应了我国当年经济发展的阶段性特征，在众多基础性产业中稳步推行，促进了中国经济转型升级。制造业作为我国实体经济的主体，是供给侧结构性改革和去产能的重要领域，在推动经济高质量发展中发挥着重要作用。因此，合理地测度中国制造业的产能利用率，研究制定有效的去产能政策将对我国产生巨大的经济效益。

在产能利用率测度方法方面，国内外学者提出了很多种不同方法，然而已有方法在环境要素的识别、方法的鲁棒性等方面仍存在一定的局限性，且已有方法体系不适用于目前我国供给侧结构性改革的政策背景。主流的基于 DEA 方法的产能利用率测度方法不需要设定生产函数形式，对数据需求量不大且能够处理多产出指标，满足了众多领域的产能利用率测度需求。因此，本书对基于 DEA 方法的产能利用率测度方法进行改造，为中国制造业的去产能实践提供了有效的理论方法工具。

7.1　主 要 结 论

针对传统产能利用率测度模型中对非期望产出的考虑不足、传统模型的测度结果跨期不可比以及传统模型不适用于我国供给侧结构性改革实践的三类问题，本书梳理了在 DEA 方法框架下常见的非期望产出处理方法和动态效率绩效测度模型，并在梳理古典经济学中供给侧理论的基础上，对传统产能利用率测度模型进行拓展和改造。此外，本书以我国制造业 30 个二级子行业为研究对象，应用提出的三类模型分别测度了三种场景下我国制造业在 2011 ~ 2016 年的产能利用情况，并对具体的产能过剩类型、要素投入类型等进行了深入分析。

在理论方法研究方面，得到了以下创新成果。

1）考虑制造业非期望产出的产能利用率测度模型。基于弱可处置性和方向距离函数，在对投入指标进行固定投入和可变投入划分的基础上，构造受限方向距离函数和不受限方向距离函数，从而提出了考虑非期望产出的产能利用率测度方法。同时，根据对存在产能过剩现象的研究对象是否具有可变投入的过剩的判断，进一步对绝对产能过剩和不同要素型产能过剩进行区分。该模型能够根据管理者的偏好设定期望产出与非期望产出的改进方向，较好地刻画了存在非期望产出的产业现实生产活动，且在产能利用程度的测度过程中很好地兼顾了环境因素。

2）基于 DEA 的动态产能利用变化率测度模型。本书以主流的 DEA 方法为研究工具开展对产能利用率的测度研究，因此传统 DEA 方法的当期可比性问题同样存在，而这一问题已在 DEA 框架中的 5 种动态绩效演化模型中得到了较好的解决。因此，参考 Luenberger 生产率指数的构造和分解方法，本书在存在非期望产出的情况下，提出了一套动态产能利用变化率测度模型，并对产能利用变化率的分解进行了研究。在该模型的构造过程中，考虑到跨期方向距离函数的引入可能产生不可解和不循环的问题，我们进一步通过引入全局技术，对测度模型及分解方法进行改造。上述两个模型能够很好地解决基于 DEA 方法带来的测度结果跨期不可比问题，为产能利用率测度结果的动态比较提供了新的研究方法，同时产能利用变化率的分解技术也满足了制定产能利用率提升计划的需求。

3）供给侧结构性改革背景下的产能利用率测度模型。古典经济学理论以劳动价值论为基础，强调了供给侧对经济增长的决定性作用，符合我国当前供给侧结构性改革的核心思想，本书在梳理主流供给侧经济理论的基础上，拓展现有产能利用率测度模型，通过引入关于非期望产出的 By-production 技术以及中期经济的概念，构造了适用于我国现阶段供给侧结构性改革背景下固定资产可拆除的产能利用率测度模型。此外，该模型还能够识别固定投入的最优值和可变投入的最优值，从而获得各种要素投入的合理性信息。该模型较好地刻画了我国供给侧结构性改革背景下固定资产可拆除的现实场景，能够满足当前经济背景下去产能实践的需求，同时也为决策者提供了关于各行业要素投入合理程度的重要信息。

在实证研究方面，得到了以下结论。

1）我国制造业各行业的平均产能利用率在2011年明显低于2012~2016年，且2012~2016年产能利用率处于较为稳定但小幅波动的状态。

2）在众多制造业二级行业中，行业1（农副食品加工业）、行业27（计算机、通信和其他电子设备制造业）和行业30（废弃资源综合利用业）的产能利用率较高，而行业4（烟草制品业）、行业20（有色金属冶炼和压延加工业）和行业24（汽车制造业）的产能利用率较低。

3）我国制造业产能过剩的类型以能源型产能过剩为主，且2011年能源型产能过剩最为严重。

4）我国制造业的产能利用率测度结果与流动资产和管理费用之间存在显著相关性，较高的利率水平和较高的管理费用有利于提升产业的产能利用率。

5）我国产能利用率在2011~2016年处于缓速进步的状态，技术进步是产能利用率提升的主要驱动力。

7.2 研究展望

本书对传统基于DEA方法的产能利用率测度方法进行了拓展，提供了符合我国制造业当前实际需求的3类测度模型。同时，我们也意识到，本书的研究工作是从3个现实需求出发提出的创新型模型，然而产能利用率的测度体系还不够完善，一系列重要的问题有待进一步研究。

在理论方法研究方面，首先，根据本书对不同类型产能定义的梳理，可知现有研究中主要包括五种产能定义。本研究的核心思路是改造基于物理产能概念的测度方法，使其能够满足当前中国制造业的现实需要，而基于经济产能概念的产能利用率测度方法也是一个具有前景的研究领域。未来可以进一步对基于经济产能概念的产能利用率测度方法进行研究，探索物理产能与经济产能之间的关系及其在揭示产能过剩现象中的异同。其次，我国政府在推行供给侧结构性改革过程中，出台了针对多个行业的去产能计划，明确了具体的去产能量化考核标准，然而如何科学地确定去产能总量，以及如何在不同省、市、企业等之间分配去产能配额等问题还需要进行大量的研究工作。最后，本书主要从中观视角下的产业层面研究制造业不同二级产业的产能利用率，测度结果能够反映不同二级产业在已知的被评对象集合中的产能利用率，宏观视角下的制造业整体的产能利用率对于宏观经济政策的制定具有重要作用，因此，如何根据二级产业的产能利用率合成得到制造业整体产能利用率有待进一步研究。

在应用研究方面，产能利用率的研究主要适用于一些需要开发公共资源的行业，如在医院中如何利用有限的床位救治尽可能多的患者，类似的行业还有交通运输业、渔业等，这些领域的产能利用率研究也具有一定的研究价值。此外，针对一些需要体现人类创造性的领域，如科研组织，产能利用率是否一定符合传统行业中越高越好的规则，或者产能利用率的最适范围是多少也属于未来可以进一步开展研究的问题。

参考文献

曹亚雄 . 2003. 关于深化和发展马克思主义劳动价值论的几点思考 [J]. 武汉理工大学学报（社会科学版），(06)：654-658.

陈彦斌，王兆瑞 . 2019. 经济下行压力下的风险研判及宏观政策应对 [J]. 经济纵横，(01)：58-68.

程俊杰 . 2015. 转型时期中国地区产能过剩测度——基于协整法和随机前沿生产函数法的比较分析 [J]. 经济理论与经济管理，(04)：13-29.

程俊杰 . 2014. 中国转轨时期产能过剩测度、成因及影响 [D]. 南京：南京大学博士学位论文 .

董敏杰，梁泳梅，张其仔 . 2015. 中国工业产能利用率：行业比较、地区差距及影响因素 [J]. 经济研究，50 (01)：84-98.

方福前 . 2017. 寻找供给侧结构性改革的理论源头 [J]. 中国社会科学，(07)：49-69，205.

付东 . 2017. 产能过剩：微观动因与经济后果研究 [D]. 北京：对外经济贸易大学博士学位论文 .

干春晖，邹俊，王健 . 2015. 地方官员任期、企业资源获取与产能过剩 [J]. 中国工业经济，(03)：44-56.

郭长林 . 2016. 财政政策扩张、纵向产业结构与中国产能利用率 [J]. 管理世界，(10)：13-33，187.

韩保江，韩心灵 . 2017. “中国式”产能过剩的形成与对策 [J]. 改革，(04)：59-69.

韩国高 . 2018. 环境规制、技术创新与产能利用率——兼论“环保硬约束”如何有效治理产能过剩 [J]. 当代经济科学，40 (01)：84-93，127.

韩国高，高铁梅，王立国，等 . 2011. 中国制造业产能过剩的测度、波动及成因研究 [J]. 经济研究，46 (12)：18-31.

何欢浪，张曼 . 2018. 央地关系、地方保护与我国各省产能利用率的实证分析 [J]. 软科学，32 (05)：10-13.

李丹 . 2013. 美国再工业化战略对我国制造业的多层级影响与对策 [J]. 国际经贸探索，29 (06)：4-14.

林毅夫，巫和懋，邢亦青 . 2010. “潮涌现象”与产能过剩的形成机制 [J]. 经济研究，45 (10)：4-19.

刘航，孙早 . 2014. 城镇化动因扭曲与制造业产能过剩——基于 2001-2012 年中国省级面板数据的经验分析 [J]. 中国工业经济，(11)：5-17.

罗美娟，郭平 . 2016. 政策不确定性是否降低了产能利用率——基于世界银行中国企业调查数据的分析 [J]. 当代财经，(07)：90-99.

马红旗，黄桂田，王韧，等 . 2018. 我国钢铁企业产能过剩的成因及所有制差异分析 [J]. 经济研究，53 (03)：94-109.

苗圩 . 2019. 大力推动制造业高质量发展 [J]. 机械工业标准化与质量，(05)：9-13.

潘教峰，等 . 2019. 智库 DIIS 理论方法 [M]. 北京：科学出版社 .

沈蕾，李沐阳 . 2018. 中国装备制造业产能利用率测度及影响因素分析 [J]. 统计与决策，34 (06)：114-118.

孙晓 . 2017. 产能利用率统计调查法应用研究 [J]. 调研世界，(04)：61-64.

盛昭瀚，朱乔，吴广谋 . 1996. DEA 理论、方法与应用 [M]. 北京：科学出版社 .

万远鹏 . 2016. 政府经济行为视角下“中国式”产能过剩问题研究 [D]. 南昌：江西财经大学博士学位论文 .

王国忠，刘骏民 . 2004. 经济行为研究的理性与非理性前提——经济学研究范式的演变及其在当代的整合 [J]. 天津社会科学，(05)：85-89，93.

王辉，张月友 . 2015. 战略性新兴产业存在产能过剩吗？——以中国光伏产业为例 [J]. 产业经济研究，(01)：61-70，82.

王文甫，明娟，岳超云 . 2014. 企业规模、地方政府干预与产能过剩 [J]. 管理世界，(10)：17-36，46.

王志军 . 2020. 贯彻中央经济工作会议精神 推动制造业高质量发展 [J]. 宏观经济管理，(02)：13-14，17.

魏权龄 . 2004. 数据包络分析 [M]. 北京：科学出版社 .

吴利学，刘诚 . 2019. 中国产能过剩的成因分析 [J]. 治理现代化研究，(03)：38-44.

熊思觅 . 2011. 产能利用水平与通货膨胀的相关性研究 [D]. 大连：东北财经大学硕士学位论文 .

薛澜 . 2014. 智库热的冷思考：破解中国特色智库发展之道 [J]. 中国行政管理，(05)：6-10.

余东华，吕逸楠 . 2015. 政府不当干预与战略性新兴产业产能过剩——以中国光伏产业为例 [J]. 中国工业经济，(10)：53-68.

袁静雪 . 2017. 转方式调结构：经济“新常态”下的供给侧改革 [J]. 知识经济，(12)：28，30.

曾繁梅 . 2007. 我国工业市场结构与过剩产能关系的实证分析 [D]. 长春：吉林大学硕士学位论文 .

张亚豪，李晓华 . 2015. 美国重振制造业的动因与效果研究 [J]. 当代经济管理，37 (06)：59-69.

张运成 . 2018. 当前世界经济形势评估与前瞻 [J]. 现代国际关系，(07)：1-4.

钟洪亮 . 2015. 我国产能过剩治理研究 [D]. 福州：福建师范大学博士学位论文 .

赵倩男 . 2014. 宏观经济波动对我国水泥行业产能过剩程度的影响分析 [D]. 成都：西南财经大学硕士学位论文 .

赵正国 . 2019. 美国国家制造业创新网络计划评估机制建设及案例研究 [J]. 科学管理研究，37 (01)：110-112，120.

周跃辉 . 2018. 推动经济高质量发展与供给侧结构性改革 [J]. 紫光阁，(01)：13-14.

Abel A B. 1981. A dynamic model of investment and capacity utilization [J]. The Quarterly Journal of Economics, 96 (3): 379-403.

Abel A B. 1983. Optimal investment under uncertainty [J]. The American Economic Review, 73 (1): 228-233.

Andersen P, Petersen N C. 1993. A procedure for ranking efficient units in data envelopment analysis [J]. Management Science, 39 (10): 1261-1264.

Ayres R U. 1995. Thermodynamics and process analysis for future economic scenarios [J]. Environmental and

Resource Economics, 6 (3): 207-230.

Bain C M. 1976. Labor hoarding and the business cycle [J]. Journal of Political Economy, 10 (2): 104-123.

Banker R D, Charnes A, Cooper W W. 1984. Some models for estimating technical and scale inefficiencies in data envelopment analysis [J]. Management Science, 30 (9): 1078-1092.

Barbera A J, Mcconnell V D. 1996. The impact of environmental regulations on industry productivity: Direct and indirect effects [J]. Journal of Environmental Economics Management Science, 18 (1): 50-65.

Berndt E R, Morrison C J. 1981. Capacity utilization measures: Underlying economic theory and an alternative approach [J]. American Economic Review, 71 (2): 48-52.

Bi G B, Song W, Zhou P, et al. 2014. Does environmental regulation affect energy efficiency in China's thermal power generation? Empirical evidence from a slacks-based DEA model [J]. Energy Policy, 66: 537-546.

Brahm R. 1995. National targeting policies, high-technology industries, and excessive competition [J]. Strategic Management Journal, 16: 71-91.

Briec W, Kerstens K. 2009. Infeasibility and directional distance functions with application to the determinateness of the Luenberger productivity indicator [J]. Journal of Optimization Theory and Applications, 141 (1): 55.

Cassels J M. 1937. Excess capacity and monopolistic competition [J]. Quarterly Journal of Economics, 51 (3): 426-443.

Caves D W, Christensen L R, Diewert W E. 1982. The economic theory of index numbers and the measurement of input, output, and productivity [J]. Econometrica, 50 (6): 1393-1414.

Cesaroni G, Kerstens K, van de Woestyne I. 2017. A new input-oriented plant capacity notion: Definition and empirical comparison [J]. Pacific Economic Review, 22 (4): 720-739.

Cesaroni G, Kerstens K, van de Woestyne I. 2019. Short- and long-run plant capacity notions: Definitions and comparison [J]. European Journal of Operational Research, 275 (1): 387-397.

Chambers R G, Chung Y, Färe R. 1996. Benefit and distance functions [J]. Journal of Economic Theory, 70 (2): 407-419.

Chambers R G, Pope R D. 1996. Aggregate productivity measures [J]. American Journal of Agricultural Economics, 78 (5): 1360-1365.

Chang H, Choy H L, Cooper W W, et al. 2009. Using Malmquist indexes to measure changes in the productivity and efficiency of US accounting firms before and after the sarbanes-oxley act [J]. Omega, 37 (5): 951-960.

Charnes A, Cooper W W. 1962. Programming with linear fractional functionals [J]. Naval Research Logistics, 9 (3-4): 181-186.

Charnes A, Cooper W W, Rhodes E. 1978. Measuring the efficiency of decision making units [J]. European Journal of Operational Research, 2 (6): 429-444.

Chung Y H, Färe R, Grosskopf S. 1997. Productivity and undesirable outputs: A directional distance function approach [J]. Journal of Environmental Management, 51 (3): 229-240.

Coelli T, Grifell-Tatjé E, Perelman S. 2002. Capacity utilisation and profitability: A decomposition of short-run profit efficiency [J]. International Journal of Production Economics, 79 (3): 261-278.

Coelli T, Lauwers L, van Huylenbroeck G. 2007. Environmental efficiency measurement and the materials balance condition [J]. Journal of Productivity Analysis, 28 (1-2): 3-12.

Considine T J, Larson D F. 2006. The environment as a factor of production [J]. Journal of Environmental Economics and Management, 52 (3): 645-662.

Corrado C, Mattey J. 1997. Capacity utilization [J]. Journal of Economic Perspectives, 11 (1): 151-167.

Dakpo K H, Jeanneaux P, Latruffe L. 2016. Modelling pollution-generating technologies in performance benchmarking: Recent developments, limits and future prospects in the nonparametric framework [J]. European Journal of Operational Research, 250 (2): 347-359.

de Borger B, Kerstens K, Prior D, et al. 2012. Static efficiency decompositions and capacity utilization: Integrating economic and technical capacity notions [J]. Applied Economics, 44 (31): 4125-4141.

Debreu G. 1951. The coefficient of resource utilization [J]. Econometrica, 19 (3): 273-292.

Doyle J, Green R. 1994. Efficiency and cross-efficiency in DEA: Derivations, meanings and uses [J]. Journal of the Operational Research Society, 45 (5): 567-578.

Du K, Lu H, Yu K. 2014. Sources of the potential CO_2 emission reduction in China: A nonparametric metafrontier approach [J]. Applied Energy, 115: 491-501.

Emrouznejad A, Yang G L. 2016. A framework for measuring global Malmquist-Luenberger productivity index with CO_2 emissions on Chinese manufacturing industries [J]. Energy, 115: 840-856.

Emrouznejad A , Yang G L. 2018. A survey and analysis of the first 40 years of scholarly literature in DEA: 1978–2016 [J]. Socio-Economic Planning Sciences, 61: 4-8.

Fair R C. 1969. Elements cause excess capacity caches [J]. America Economic Review, 23 (2): 120-132.

Fair R C. 1985. Excess labor and the business cycle [J]. American Economic Review, 75 (1): 239-245.

Färe R, Grosskopf S. 2000. Theory and application of directional distance functions [J]. Journal of Productivity Analysis, 13 (2): 93-103.

Färe R, Grosskopf S. 2003. Nonparametric productivity analysis with undesirable outputs: Comment [J]. American Journal of Agricultural Economics, 85 (4): 1070-1074.

Färe R, Grosskopf S. 2004. Modeling undesirable factors in efficiency evaluation: Comment [J]. European Journal of Operational Research, 157 (1): 242-245.

Färe R, Grosskopf S. 2009. A comment on weak disposability in nonparametric production analysis [J]. American Journal of Agricultural Economics, 91 (2): 535-538.

Färe R, Grosskopf S, Pasurka C. 1986. Effects on relative efficiency in electric power generation due to environmental controls [J]. Resources and Energy, 8 (2): 167-184.

Färe R, Grosskopf S, Kokkelenberg E C. 1989a. Measuring plant capacity, utilization and technical change: A nonparametric approach [J]. International Economic Review, 30 (3): 655-666.

Färe R, Grosskopf S, Valdmanis V. 1989b. Capacity, competition and efficiency in hospitals: A nonparametric approach [J]. Journal of Productivity Analysis, 1 (2): 123-138.

Färe R, Grosskopf S, Norris M, Zhang Z. 1994. Productivity growth, technical progress, and efficiency change in industrialized countries [J]. The American Economic Review, 84 (1); 66-83.

Färe R, Grosskopf S, Weber W L. 2006. Shadow prices and pollution costs in U. S. Agriculture [J]. Ecological Economics, 56 (1): 89-103.

Farrell M J. 1957. The measurement of productive efficiency [J]. Journal of the Royal Statistical Society: Series A, 120 (3): 253-290.

Felthoven R G, Horrace W C, Schnier K E. 2009. Estimating heterogeneous primal capacity and capacity utilization measures in a multi-species fishery [J]. Journal of Productivity Analysis, 32 (3): 173-189.

Førsund F R. 2009. Good modelling of bad outputs: Pollution and multiple-output production [J]. International Review of Environmental and Resource Economics, 3: 1-38.

Fukuyama H, Weber W L. 2015. Measuring Japanese bank performance: A dynamic network DEA approach [J]. Journal of Productivity Analysis, 44 (3): 249-264.

Fukuyama H, Weber W L. 2016. Japanese bank productivity, 2007-2012: A dynamic network approach [J]. Pacific Economic Review, 22 (4): 649-676.

Gok S M, Sezen B. 2012. Capacity inefficiencies of teaching and non-teaching hospitals [J]. Service Industries Journal, 32 (14): 2307-2328.

Gold B. 1955. Foundations of Productivity Analysis: Guides to Economic Theory and Managerial Control [M]. Pittsburgh: University of Pittsburgh Press.

Gold B. 1976. Applied Productivity Analysis for Industry [M]. Oxford: Pergamon Press.

Greenwood J, Hercowitz Z, Huffman G W. 1988. Investment, capacity utilization, and the real business cycle [J]. The American Economic Review, 78 (3): 402-417.

Griliches Z. 1967. Distributed lags: A survey [J]. Econometrica, 35 (1): 16-49.

Hampf B, Rødseth K L. 2015. Carbon dioxide emission standards for US power plants: An efficiency analysis perspective [J]. Energy Economics, 50: 140-153.

Harrod R F. 1934. Doctrines of imperfect competition [J]. The Quarterly Journal of Economics, 48 (2): 442-470.

Hart R A, Malley J R. 1996. Excess labour and the business cycle: A comparative study of Germany, the United Kingdom and the United States [J]. Economica, 63: 325-342.

He F, Zhang Q, Lei J, et al. 2013. Energy efficiency and productivity change of China's iron and steel industry: Accounting for undesirable outputs [J]. Energy Policy, 54: 204-213.

Hickman B G. 1964. On a new method of capacity estimation [J]. Journal of the American Statistical Association,

59 (306): 529-549.

Johansen L. 1968. "Production functions and the concept of capacity," recherches recentes sur la function de production [J]. Collection Economic Mathematique et Econometrie, 2: 49-72.

Kao C. 2000. Measuring the performance improvement of Taiwan forests after reorganization [J]. Forest Science, 46: 577-584.

Karagiannis R. 2015. A system-of-equations two-stage dea approach for explaining capacity utilization and technical efficiency [J]. Annals of Operations Research, 227 (1): 25-43.

Kerstens K, Sadeghi J, van de Woestyne I. 2019a. Convex and nonconvex input-oriented technical and economic capacity measures: An empirical comparison [J]. European Journal of Operational Research, 276 (2): 699-709.

Kerstens K, Sadeghi J, van de Woestyne I. 2019b. Plant capacity and attainability: Exploration and remedies [J]. Operations Research, 67 (4): 1135-1149.

Kim H Y. 1999. Economic capacity utilization and its determinants: Theory and evidence [J]. Review of Industrial Organization, 15 (4): 321-339.

Kirkley J, Paul C J M, Squires D. 2002. Capacity and capacity utilization in common-pool resource industries-Definition, measurement, and a comparison of approaches [J]. Environmentaland Resource Economics, 22 (1-2): 71-97.

Klein L R. 1960. Some theoretical issues in the measurement of capacity [J]. Econometrica, 28 (2): 272-286.

Klein L R, Preston R S. 1967. Some new results in the measurement of capacity utilization [J]. The American Economic Review, 57 (1): 34-58.

Kumbhakar S C, Lovell C A K. 2003. Stochastic Frontier Analysis [M]. Cambridge: Cambridge University Press.

Kuosmanen T. 2005. Weak disposability in nonparametric production analysis with undesirable outputs [J]. American Journal of Agricultural Economics, 87 (4): 1077-1082.

Kuosmanen T, Podinovski V. 2009. Weak disposability in nonparametric production analysis: Reply to Färe and Grosskopf [J]. American Journal of Agricultural Economics, 91 (2): 539-545.

Lieberman M B. 1987. Excess capacity as a barrier to entry: An empirical appraisal [J]. The Journal of Industrial Economics, 35 (4): 607-627.

Lindebo E, Hoff A, Vestergaard N. 2007. Revenue-based capacity utilisation measures and decomposition: The case of Danish north sea trawlers [J]. European Journal of Operational Research, 180 (1): 215-227.

Lovell C A K, Pastor J T, Turner J A. 1995. Measuring macroeconomic performance in the OECD: A comparison of European and non-European countries [J]. European Journal of Operational Research, 87 (3): 507-518.

Mahlberg B, Sahoo B K. 2011. Radial and non-radial decompositions of Luenberger productivity indicator with an illustrative application [J]. International Journal of Production Economics, 131 (2): 721-726.

Malmquist S. 1953. Index numbers and indifference surfaces [J]. Trabajos De Estadistica, 4 (2): 209-242.

Masson R T, Shaanan J. 1986. Excess capacity and limit pricing: An empirical test [J]. Economica, 53: 365-378.

McConnell C R, Brue S L, Flynn S M. 2009. Economics: Principles, Problems, and Policies [M]. Boston: McGraw-Hill.

McFarlane B. 1973. Price rigidity and excess capacity in socialist economies [J]. Australian Economic Papers, 12 (20): 36-41.

Morrison C J. 1985a. On the economic interpretation and measurement of optimal capacity utilization with anticipatory expectations [J]. The Review of Economic Studies, 52 (2): 295-309.

Morrison C J. 1985b. Primal and dual capacity utilization: An application to productivity measurement in the U. S. automobile industry [J]. Journal of Business and Economic Statistics, 3 (4): 312-324.

Murty S, Russell R R, Levkoff S B. 2012. On modeling pollution-generating technologies [J]. Journal of Environmental Economics and Management, 64 (1): 117-135.

Nelson R A. 1989. On the measurement of capacity utilization [J]. Journal of Industrial Economics, 37 (3): 273-286.

Oh D-H. 2010. A global Malmquist-Luenberger productivity index [J]. Journal of Productivity Analysis, 34 (3): 183-197.

Orr D. 1974. The determinants of entry: A study of the Canadian manufacturing industries [J]. The Review of Economics and Statistics, 56 (1): 58-66.

Paine C L. 1936. Rationalisation and the theory of excess capacity [J]. Economica, 3 (9): 46-55.

Pascoe S, Hutton T, van Putten I, et al. 2013. DEA-based predictors for estimating fleet size changes when modelling the introduction of rights-based management [J]. European Journal of Operational Research, 230 (3): 681-687.

Pascoe S, Tingley D. 2006. Economic capacity estimation in fisheries: A non-parametric ray approach [J]. Resource and Energy Economics, 28 (2): 124-138.

Pastor J T, Lovell C A K. 2005. A global Malmquist productivity index [J]. Economics Letters, 88 (2): 266-271.

Paul C J M, Ball V E, Felthoven R G, et al. 2002. Effective costs and chemical use in United States agricultural production: Using the environment as a "free" input [J]. American Journal of Agricultural Economics, 84: 902-915.

Phillips A. 1963. An appraisal of measures of capacity [J]. The American Economic Review, 53 (2): 275-292.

Podinovski V V, Kuosmanen T. 2011. Modelling weak disposability in data envelopment analysis under relaxed convexity assumptions [J]. European Journal of Operational Research, 211 (3): 577-585.

Ray S C. 2015. Nonparametric measures of scale economies and capacity utilization: An application to U. S. Manufacturing [J]. European Journal of Operational Research, 245 (2): 602-611.

Reid C, Squires D, Jeon Y, et al. 2003. An analysis of fishing capacity in the western and central pacific ocean tuna fishery and management implications [J]. Marine Policy, 27 (6): 449-469.

Sahoo B K, Luptacik M, Mahlberg B. 2011. Alternative measures of environmental technology structure in DEA: An application [J]. European Journal of Operational Research, 215 (3): 750-762.

Sahoo B K, Tone K. 2009. Decomposing capacity utilization in data envelopment analysis: An application to banks in India [J]. European Journal of Operational Research, 195 (2): 575-594.

Scheel H. 2001. Undesirable outputs in efficiency valuations [J]. European Journal of Operational Research, 132 (2): 400-410.

Schrobback P, Pascoe S, Coglan L. 2014. Shape up or ship out: Can we enhance productivity in coastal aquaculture to compete with other uses? [J]. PloS One, 9 (12): e115912.

Segerson K, Squires D. 1990. On the measurement of economic capacity utilization for multi-product industries [J]. Journal of Econometrics, 44 (3): 347-361.

Seiford L M, Zhu J. 2002. Modeling undesirable factors in efficiency evaluation [J]. European Journal of Operational Research, 142 (1): 16-20.

Sexton T R, Silkman R H, Hogan A J. 1986. Data envelopment analysis: Critique and extensions [J]. New Directions for Program Evaluation, 32: 73-105.

Shaikh A M, Moudud J K. 2004. Measuring capacity utilization in OECD countries: A cointegration method [R]. Working paper.

Shephard R W. 1970. Theory of Cost and Production Functions [M]. Princeton: Princeton University Press.

Shephard R W. 1974. Indirect Production Functions [M]. Meisenheim Am Glan: Verlag Anton Hain.

Smithies A. 1957. Economic fluctuations and growth [J]. Econometrica, 25 (1): 1-8.

Spence A M. 1977. Entry, capacity, investment and oligopolistic pricing [J]. The Bell Journal of Economics, 8 (2): 534-544.

Steel W F. 1972. Import substitution and excess capacity in Ghana [J]. Oxford Economic Papers, 24 (2): 212-240.

Sueyoshi T, Goto M. 2010. Should the US clean air act include CO_2 emission control? Examination by data envelopment analysis [J]. Energy Policy, 38 (10): 5902-5911.

Sueyoshi T, Goto M, Ueno T. 2010. Performance analysis of US coal-fired power plants by measuring three DEA efficiencies [J]. Energy Policy, 38 (4): 1675-1688.

Tian X L. 2016. Participation in export and Chinese firms' capacity utilization [J]. The Journal of International Trade and Economic Development, 25 (5): 757-784.

Tingley D, Pascoe S. 2005. Factors affecting capacity utilisation in English channel fisheries [J]. Journal of Agricultural Economics, 56 (2): 287-305.

Tone K. 2001. A slacks-based measure of efficiency in data envelopment analysis [J]. European Journal of Operational Research, 130 (3): 498-509.

Valdmanis V, Bernet P, Moises J. 2010. Hospital capacity, capability, and emergency preparedness [J]. European Journal of Operational Research, 207 (3): 1628-1634.

Valdmanis V, DeNicola A, Bernet P. 2015. Public health capacity in the provision of health care services [J]. Health Care Management Science, 18 (4): 475-482.

Walden J B, Tomberlin D. 2010. Estimating fishing vessel capacity: A comparison of nonparametric frontier approaches [J]. Marine Resource Economics, 25 (1): 23-36.

Wang K, Wei Y M. 2014. China's regional industrial energy efficiency and carbon emissions abatement costs [J]. Applied Energy, 130: 617-631.

Watanabe M, Tanaka K. 2007. Efficiency analysis of Chinese industry: A directional distance function approach [J]. Energy Policy, 35 (12): 6323-6331.

Yang G L, Fukuyama H. 2018. Measuring the Chinese regional production potential using a generalized capacity utilization indicator [J]. Omega, 76: 112-127.

Yang G L, Fukuyama H, Song Y. 2019. Estimating capacity utilization of Chinese manufacturing industries [J]. Socio-Economic Planning Sciences, 67: 94-110.

Yang H, Pollitt M. 2009. Incorporating both undesirable outputs and uncontrollable variables into DEA: The performance of Chinese coal-fired power plants [J]. European Journal of Operational Research, 197 (3): 1095-1105.

Yu M M, Chang Y C, Chen L H. 2016. Measurement of airlines'capacity utilization and cost gap: Evidence from low-cost carriers [J]. Journal of Air Transport Management, 53: 186-198.

附　　录

(1) 式 (4.5) 对应的Matlab程序

```
clear
clc
AA=xlsread('data',1,'B2:B181'); LL=xlsread('data',1,'C2:C181');
EE=xlsread('data',1,'D2:D181'); YY=xlsread('data',1,'E2:E181');
BB=xlsread('data',1,'F2:F181');
for q=0:5
    qq=1+q*30;
    qqq=30+q*30;
    A=AA(qq:qqq); L=LL(qq:qqq);
    E=EE(qq:qqq); Y=YY(qq:qqq);
    B=BB(qq:qqq);
    J=30;
    LB=[zeros(2*J,1);-Inf];
    UB=[];
    for i=1:J
        AAA=[E' E' 0; L' L' 0
                A' A' 0
                zeros(1,J) -Y' Y(i,1)
                -eye(J) -eye(J) zeros(J,1)
                zeros(1,J) ones(1,J) 0];
        b=[E(i,1); L(i,1); A(i,1); -Y(i,1); zeros(J,1); 1];
        Aeq=[zeros(1,J) B' B(i,1); ones(1,J) ones(1,J) 0];
        beq=[B(i,1); 1];
        f=[zeros(1,2*J) -1];
        options=optimset('Display','off');
        [w(i,:),FVAL(i),EF(i)]=linprog(f,AAA,b,Aeq,beq,LB,UB,[],options);
    end
    D(qq:qqq,1)=w(:,61);
    State(qq:qqq,1)=EF(:);
end
```

(2) 式 (4.7) 对应的Matlab程序

```
clear
clc
AA=xlsread('data',1,'D2:D181'); LL=xlsread('data ',1,'E2:E181');
EE=xlsread('data ',1,'F2:F181'); YY=xlsread('data ',1,'G2:G181');
BB=xlsread('data ',1,'H2:H181');
for q=0:5
    qq=1+q*30;
    qqq=30+q*30;
    A=AA(qq:qqq); L=LL(qq:qqq);
    E=EE(qq:qqq); Y=YY(qq:qqq);
    B=BB(qq:qqq);
    J=30;
    LB=[zeros(2*J,1); -Inf];
    UB=[];
    for i=1:J
        AAA=[E' E' 0;
                L' L' 0
                A' A' 0
                zeros(1,J) -Y' Y(i,1)
                -eye(J) -eye(J) zeros(J,1)
                zeros(1,J) ones(1,J) 0];
        b=[E(i,1); L(i,1); A(i,1); -Y(i,1); zeros(J,1); 1];
        Aeq=[zeros(1,J) B' B(i,1); ones(1,J) ones(1,J) 0];
        beq=[B(i,1); 1];
        f=[zeros(1,2*J) -1];
        options=optimset('Display','off');
        [w(:,i),FAVL(i),EF(i)]=linprog(f,AAA,b,Aeq,beq,LB,UB,[],options);
    end
    D(qq:qqq,1)=w(61,:)';
    State(qq:qqq,1)=EF(:)';
end
```

(3) 式 (5.27) 对应的Matlab程序

```
clear
clc
AA=xlsread('data',1,'D2:D181'); LL=xlsread('data ',1,'E2:E181');
EE=xlsread('data ',1,'F2:F181'); YY=xlsread('data ',1,'G2:G181');
BB=xlsread('data ',1,'H2:H181');
for q=0:5
    qq=1+q*30;
    qqq=30+q*30;
    A=AA(qq:qqq); L=LL(qq:qqq);
    E=EE(qq:qqq); Y=YY(qq:qqq);
    B=BB(qq:qqq);
    J=30;
    LB=[zeros(2*J,1); -Inf];
    UB=[];
    for i=1:J
        AAA=[E' E' 0;
                L' L' 0
                A' A' 0
                zeros(1,J) -Y' Y(i,1)
                -eye(J) -eye(J) zeros(J,1)
                zeros(1,J) ones(1,J) 0];
        b=[E(i,1); L(i,1); A(i,1); -Y(i,1); zeros(J,1); 1];
        Aeq=[zeros(1,J) B' B(i,1); ones(1,J) ones(1,J) 0];
        beq=[B(i,1); 1];
        f=[zeros(1,2*J) -1];
        options=optimset('Display','off');
        [w(:,i),FAVL(i),EF(i)]=linprog(f,AAA,b,Aeq,beq,LB,UB,[],options);
    end
    D(qq:qqq,1)=w(61,:)';
    State(qq:qqq,1)=EF(:)';
end
```

(4) 式 (5.31) 对应的Matlab程序

```
clear
clc
AA=xlsread('data',1,'D2:D181'); LL=xlsread('data',1,'E2:E181');
EE=xlsread('data',1,'F2:F181'); YY=xlsread('data',1,'G2:G181');
BB=xlsread('data',1,'H2:H181');
for q=0:5
    qq=1+q*30;
    qqq=30+q*30;
    A=AA(qq:qqq); L=LL(qq:qqq);
    E=EE(qq:qqq); Y=YY(qq:qqq);
    B=BB(qq:qqq);
    J=30;
    LB=[zeros(2*J,1); 0; 0; -Inf];
    UB=[];
    for i=1:J
        AAA=[E' E' -E(i,1) 0 0
              L' L' 0 -L(i,1) 0
              A' A' 0 0 0
              zeros(1,J) -Y' 0 0 Y(i,1)
              -eye(J) -eye(J) zeros(J,3)
              zeros(1,J) ones(1,J) 0 0 0];
        b=[0; 0; A(i,1); -Y(i,1); zeros(J,1); 1];
        Aeq=[zeros(1,J) B' 0 0 B(i,1); ones(1,J) ones(1,J) 0 0 0];
        beq=[B(i,1); 1];
        f=[zeros(1,2*J) 0 0 -1];
        options=optimset('Display','off');
        [w(:,i),FAVL(i),EF(i)]=linprog(f,AAA,b,Aeq,beq,LB,UB,[],options);
    end
    D(qq:qqq,1)=w(63,:)';
    State(qq:qqq,1)=EF(:)';
end
```

(5) 式 (5.38) 对应的Matlab程序

```
clear
clc
A=xlsread('data',1,'D2:D181'); L=xlsread('data',1,'E2:E181');
E=xlsread('data',1,'F2:F181'); Y=xlsread('data',1,'G2:G181');
B=xlsread('data',1,'H2:H181');
J=30;
LB=[zeros(12*J,1); -Inf];
UB=[];
for i=1:(6*J)
    AAA=[E' E' 0
            L' L' 0
            A' A' 0
            zeros(1,6*J) -Y' Y(i,1)
            zeros(1,6*J) ones(1,6*J) 0];
    b=[E(i,1); L(i,1); A(i,1); -Y(i,1); 1];
    Aeq=[zeros(1,6*J) B' B(i,1); ones(1,6*J) ones(1,6*J) 0];
    beq=[B(i,1); 1];
    f=[zeros(1,12*J) -1];
    options=optimset('Display','off');
    w(:,i)=linprog(f,AAA,b,Aeq,beq,LB,UB,[],options);
end
D=w(12*J+1,:)';
```

(6) 式 (5.40) 对应的Matlab程序

```
clear
clc
A=xlsread('data',1,'D2:D181'); L=xlsread('data',1,'E2:E181');
E=xlsread('data',1,'F2:F181'); Y=xlsread('data',1,'G2:G181');
B=xlsread('data',1,'H2:H181');
J=30;
LB=[zeros(12*J+2,1); -Inf];
UB=[];
for i=1:(6*J)
    AAA=[E' E' -E(i,1) 0 0
             L' L' 0 -L(i,1) 0
             A' A' 0 0 0
             zeros(1,6*J) -Y' 0 0 Y(i,1)
             zeros(1,6*J) ones(1,6*J) 0 0 0];
    b=[0; 0; A(i,1); -Y(i,1); 1];
    Aeq=[zeros(1,6*J) B' 0 0 B(i,1); ones(1,6*J) ones(1,6*J) 0 0 0];
    beq=[B(i,1); 1];
    f=[zeros(1,12*J) 0 0 -1];
    options=optimset('Display','off');
    w(:,i)=linprog(f,AAA,b,Aeq,beq,LB,UB,[],options);
end
D=w(12*J+3,:)';
```

(7) 式 (6.7) 对应的Matlab程序

```
clear
clc
A=xlsread('data',1,'D2:D181'); L=xlsread('data',1,'E2:E181');
E=xlsread('data',1,'F2:F181'); Y=xlsread('data',1,'G2:G181');
B=xlsread('data',1,'H2:H181');
J=30;
LB=[zeros(12*J+2,1); -Inf];
UB=[];
for i=1:(6*J)
    AAA=[E' E' -E(i,1) 0 0
            L' L' 0 -L(i,1) 0
            A' A' 0 0 0
            zeros(1,6*J) -Y' 0 0 Y(i,1)
            zeros(1,6*J) ones(1,6*J) 0 0 0];
    b=[0; 0; A(i,1); -Y(i,1); 1];
    Aeq=[zeros(1,6*J) B' 0 0 B(i,1); ones(1,6*J) ones(1,6*J) 0 0 0];
    beq=[B(i,1); 1];
    f=[zeros(1,12*J) 0 0 -1];
    options=optimset('Display','off');
    w(:,i)=linprog(f,AAA,b,Aeq,beq,LB,UB,[],options);
end
D=w(12*J+3,:)';
```

(8) 式 (6.9) 对应的Matlab程序

```
clear
clc
AA=xlsread('data',1,'B2:B181'); LL=xlsread('data',1,'C2:C181');
EE=xlsread('data',1,'D2:D181'); YY=xlsread('data',1,'E2:E181');
BB=xlsread('data',1,'F2:F181');
for q=0:5
    qq=1+q*30;
    qqq=30+q*30;
    A=AA(qq:qqq); L=LL(qq:qqq);
    E=EE(qq:qqq); Y=YY(qq:qqq);
    B=BB(qq:qqq);
    J=30;
    LB=[zeros(2*J,1); 0; 0; -Inf];
    UB=[];
    for i=1:J
        AAA=[A' zeros(1,J) 0 0 A(i,1)
                -Y' zeros(1,J) 0 0 Y(i,1)
                zeros(1,J) B' 0 0 B(i,1)];
        b=[A(i,1); -Y(i,1); B(i,1)];
        Aeq=[L' zeros(1,J) -L(i,1) 0 0
               E' zeros(1,J) 0 -E(i,1) 0
               zeros(1,J) E' 0 -E(i,1) 0
               ones(1,J) zeros(1,J) 0 0 0
               zeros(1,J) ones(1,J) 0 0 0];
        beq=[0; 0; 0; 1; 1];
        f=[zeros(1,2*J) 0 0 -1];
        options=optimset('Display','off');
        [w(i,:),FVAL(i),EF(i)]=linprog(f,AAA,b,Aeq,beq,LB,UB,[],options);
    end
    D(qq:qqq,1)=w(:,63);
    deltaL(qq:qqq,1)=w(:,61);
    deltaE(qq:qqq,1)=w(:,62);
    State(qq:qqq,1)=EF(:);
end
```